FELICIDADE

Coleção Inteligência Emocional

FELICIDADE

Título original: *Happiness* [HBR Emotional Intelligence Series]
Copyright © 2017 por Harvard Business School Publishing Corporation
Copyright da tradução © 2019 por GMT Editores Ltda.
Publicado mediante acordo com a Harvard Business Review Press.

Todos os direitos reservados. Nenhuma parte deste livro pode
ser utilizada ou reproduzida sob quaisquer meios existentes
sem autorização por escrito dos editores.

TRADUÇÃO: Rachel Agavino
PREPARO DE ORIGINAIS: Melissa Lopes
REVISÃO: Bárbara Ornellas e Flávia Midori
DIAGRAMAÇÃO: DTPhoenix Editorial
CAPA: Harvard Business Review Press
ADAPTAÇÃO DE CAPA: Gustavo Cardozo
IMPRESSÃO E ACABAMENTO: Cromosete Gráfica e Editora Ltda.

CIP-BRASIL. CATALOGAÇÃO NA PUBLICAÇÃO
SINDICATO NACIONAL DOS EDITORES DE LIVROS, RJ

F348   Felicidade / Jennifer Moss... [et al.]; [Harvard Business Review];
       tradução de Rachel Agavino. Rio de Janeiro: Sextante, 2019.
       160 p.; 12 x 18 cm.
       (Inteligência emocional: Harvard Business Review)

       Tradução de: Happiness
       ISBN 978-85-431-0856-8

       1. Felicidade. I. Moss, Jennifer. II. Agavino, Rachel.
       III. Série.
                                                CDD: 152.42
19-59184   CDU: 159.942.5

Todos os direitos reservados, no Brasil, por
GMT Editores Ltda.
Rua Voluntários da Pátria, 45 – Gr. 1.404 – Botafogo
22270-000 – Rio de Janeiro – RJ
Tel.: (21) 2538-4100 – Fax: (21) 2286-9244
E-mail: atendimento@sextante.com.br
www.sextante.com.br

Sumário

1. **Felicidade não é a ausência de sentimentos negativos** — 7
   O que traz satisfação duradoura?
   Jennifer Moss

2. **Ser feliz no trabalho é importante** — 19
   O trabalho é pessoal
   Annie McKee

3. **A ciência por trás do sorriso** — 29
   A pesquisa
   Uma entrevista com Daniel Gilbert,
   por Gardiner Morse

4. **O poder das pequenas vitórias** — 55
   *Melhore o aspecto interior
   da vida profissional*
   Teresa M. Amabile e Steven J. Kramer

5. **Como gerar um desempenho sustentável**   99
Construa uma força de trabalho próspera
Gretchen Spreitzer e Christine Porath

6. **As pesquisas que ignoramos sobre felicidade no trabalho**   129
Ela pode atrapalhar
André Spicer e Carl Cederström

7. **A reação adversa da felicidade**   145
Amenizando a obsessão
Alison Beard

1

Felicidade não é a ausência de sentimentos negativos

O que traz satisfação duradoura?

Jennifer Moss

A felicidade parece algo inalcançável para muitos de nós. Como a névoa, você pode vê-la de longe, densa, parecendo ter forma. Mas, ao se aproximar, suas partículas se afastam e, de repente, ela fica fora de alcance, embora ainda esteja à sua volta.

Damos muita ênfase à busca da felicidade, mas, se você pensar bem, buscar é perseguir alguma coisa sem a garantia de alcançá-la.

Até cerca de seis anos atrás, eu estava buscando a felicidade de maneira fervorosa e nada eficaz. Meu marido, Jim, e eu morávamos em San José, na Califórnia, com nosso filho de 2 anos e um segundo bebê a caminho. Na teoria, nossa vida parecia maravilhosa. Ainda assim, eu não conseguia encontrar alegria. Sempre me sentia muito culpada pela minha tristeza. Meus problemas eram de "primeiro mundo", o que me constrangia.

Então, em setembro de 2009, meu mundo foi abalado. Jim ficou gravemente doente. Ele contraiu gripe suína (H1N1) e febre do Nilo Ocidental; em seguida, recebeu o diagnóstico de síndrome de Guillain-Barré, por conta de seu sistema imunológico comprometido.

Jim nunca se preocupou com a morte. Eu me preocupava.

Quando disseram que a doença de Jim estava controlada, que ele havia vencido essa batalha, ficamos aliviados. Quando disseram que talvez Jim não pudesse andar por um tempo – um ano ou mais –, ficamos alarmados. Sabíamos que esse prognóstico significava o fim de sua carreira como jogador profissional de lacrosse. O que não sabíamos era como pagaríamos as despesas médicas ou quanta energia Jim teria para cuidar dos filhos.

Faltando 10 semanas para o bebê nascer, eu tinha muito pouco tempo para pensar e refletir. Por outro lado, a única coisa que Jim tinha era tempo. Ele estava acostumado a se mover em alta velocidade, tanto na vida quanto no campo, então, no hospital, minutos lhe pareciam horas. Mantinha-se ocupado com fisioterapia e terapia ocupacional, mas também precisava de apoio psicológico.

Em suas redes sociais, Jim pediu que as pessoas lhe dessem sugestões de leitura que o ajudassem a se curar mentalmente. Foi uma enxurrada de dicas. Livros e gravações de áudios eram entregues em seu leito com bilhetes sobre como tinham "ajudado muito" depois de alguma dificuldade que aquela pessoa também havia enfrentado e superado.

Jim passava os dias lendo livros motivacionais de Tony Robbins e Oprah ou assistindo a TED Talks, como "A poderosa revelação pelo derrame", de Jill Bolte Taylor, sobre os impactos do trauma cerebral. Ele analisava livros espirituais de Deepak Chopra e do Dalai Lama. Ou examinava artigos científicos sobre felicidade e gratidão escritos por pesquisadores como Martin Seligman, Shawn Achor, Sonja Lyubomirsky e muitos outros.

Havia um tema que se repetia em toda essa literatura: gratidão. Ela ia e vinha, entrelaçando-se à ciência, às histórias reais e aos motivadores do sucesso. A reação de Jim foi começar seu próprio diário de gratidão. Ele se tornou muito grato – pelas pessoas que trocavam seus lençóis, pela família que lhe levava refeições quentes no jantar. Grato pela enfermeira que o incentivava e pela atenção extra que sua equipe de reabilitação lhe dedicava em seu tempo livre. (A equipe certa vez disse a Jim que só lhe dedicava tempo extra porque sabia quanto ele era grato por seus esforços.)

Ele pediu que eu participasse desse processo, e, como estava desesperada para ajudá-lo a se curar e via como aquilo era difícil para ele, eu me esforçava para assumir uma atitude positiva quando entrava em seu mundo, naquele quarto de hospital. Nem sempre eu estava no meu melhor momento. Às vezes, me ressentia por não poder desabar – mas depois de um tempo comecei a ver como ele melhorava rápido. E, embora nossos caminhos não fossem congruentes, conseguíamos fazer aquilo funcionar. Eu estava "mudando a direção".

Era algo questionável e assustador, mas, quando Jim saiu do hospital andando de muletas (ele teimosamente recusou a cadeira de rodas) apenas seis semanas depois de ter sido levado de ambulância para o pronto-socorro, concluímos que havia algo mais em sua cura do que apenas pura sorte.

Um dos primeiros livros que influenciaram Jim foi *Florescer*, de Martin Seligman. Psicólogo e ex-presidente da Associação Americana de Psicologia, Seligman foi responsável por definir o termo "PERMA", a raiz de muitos projetos de pesquisa em psicologia positiva em todo o mundo. PERMA é um acrônimo com as iniciais em inglês dos cinco elementos essenciais à satisfação duradoura:

- *Emoção positiva (**P**ositive emotion):* Paz, gratidão, contentamento, prazer, inspiração, esperança, curiosidade e amor se enquadram nessa categoria.

- *Engajamento (**E**ngagement):* Quando nos desligamos de todo o resto ao realizar uma tarefa ou um projeto, temos a sensação de que o "tempo voa" porque estamos muito engajados.

- *Relacionamentos (**R**elationships):* As pessoas que têm relacionamentos positivos e significativos são mais felizes do que as que não têm.

- *Significado (**M**eaning):* O significado vem de servir a algo maior que nós mesmos. Seja por meio de uma religião ou de uma causa que de alguma forma ajude a humanidade, todos nós precisamos de significado em nossa vida.

- *Realização (Accomplishment/Achievement):* Para sentir uma satisfação significativa com relação à vida, devemos nos esforçar para melhorar a nós mesmos.

Pouco a pouco, trouxemos esses cinco princípios para nossas vidas. Jim voltou para a Universidade Wilfrid Laurier, em Ontário, para pesquisar neurociência, e nós prontamente criamos a consultoria Plasticity Labs a fim de ensinar aos outros o que tínhamos aprendido sobre a busca da felicidade. Como nossas vidas passaram a incluir mais empatia, gratidão e significado, parei de me sentir triste.

Então, quando vejo ceticismo direcionado ao movimento da psicologia positiva, levo para o lado pessoal. Esses críticos têm algum problema com a gratidão? Com relacionamentos? Significado? Esperança?

Talvez parte do problema seja o fato de a felicidade ser banalizada na cultura popular e na mídia, o que torna fácil descartar essas atitudes, alegando que não são comprovadas. Como Vanessa Buote, pós-doutoranda em psicologia social, me escreveu em um e-mail:

> *Um dos equívocos sobre a felicidade é achar que ser feliz é ser animado, alegre e contente o tempo todo; ter sempre um sorriso no rosto. Não é isso. Ser feliz e levar uma vida enriquecedora tem a ver com aceitar que coisas ruins venham junto com as boas e aprender a ressignificar as ruins. No artigo "Emodiversity and the Emotional Ecosystem" (Diversidade emocional e o ecossistema emocional), publicado no* Journal of Experimental Psychology, *o pesquisador Jordi Quoidbach mostrou que experimentar uma grande variedade de emoções – tanto positivas quanto negativas – estava relacionado ao bem-estar mental e físico positivos.*

Não apenas tendemos a compreender mal o que é a felicidade, como também a buscamos da maneira errada. Shawn Achor, pesquisador e instrutor corporativo que escreveu o artigo "Positive Intelligence" (Inteligência positiva) para a *HBR*, contou que a maioria das pessoas pensa na felicidade de forma equivocada: "O maior equívoco da indústria da felicidade é tratar a felicidade como um fim, não como um meio. Pensamos que, se conseguirmos o que queremos, seremos felizes. Só que na verdade nosso cérebro funciona na direção oposta."

Vanessa Buote concorda: "Às vezes, tendemos a considerar 'ser feliz' o objetivo final, mas esquecemos que o que importa mesmo é a jornada; descobrir o que nos deixa mais felizes e aplicar essas atividades no nosso cotidiano nos ajudam a levar uma vida mais gratificante."

Em outras palavras, não somos felizes enquanto estamos buscando a felicidade. Somos mais felizes quando não estamos pensando nisso, quando aproveitamos o momento presente porque estamos envolvidos em um projeto significativo, trabalhando em prol de uma meta maior ou ajudando alguém que precisa de nós.

A positividade saudável não tem a ver com esconder seus sentimentos autênticos. Felicidade não é a ausência de sofrimento: é a capacidade de se recuperar dele. E felicidade não é o mesmo que alegria ou êxtase; a felicidade inclui satisfação, bem-estar e a flexibilidade de experimentar uma gama completa de emoções.

Em nossa empresa, algumas pessoas lidaram com ansiedade e depressão. Outras tiveram transtorno do estresse pós-traumático. Algumas testemunharam doenças mentais graves em suas famílias. Nós compartilhamos as experiências abertamente. Ou não – as duas formas são aceitas. Apoiamos as lágrimas no escritório se a situação assim exigir (tanto as de tristeza quanto as de alegria).

Tem gente que – talvez em busca de uma nova perspectiva – até argumentou que a felicidade é prejudicial (veja, por exemplo, os dois últimos artigos deste livro). Mas praticar exercícios que ajudem a aumentar a capacidade mental e emocional não significa aprender a colar um sorriso no rosto ou afastar os problemas com a força do pensamento. É aprender a lidar com situações de estresse com mais resiliência por meio do treinamento, assim como você treinaria para correr uma maratona.

Durante meu tempo com Jim no hospital, eu o vi mudar. No início, foi de maneira sutil, mas de repente percebi que a prática da gratidão e a felicidade que decorria dela me deram um presente: ter meu marido de volta.

JENNIFER MOSS é cofundadora e diretora de comunicações da Plasticity Labs.

Adaptado da publicação de 20 de agosto de 2015.

2

Ser feliz no trabalho é importante

O trabalho é pessoal

Annie McKee

Antigamente era comum acreditar que ninguém precisava ser feliz no trabalho para ser bem-sucedido. Não era preciso de fato gostar dos colegas nem mesmo compartilhar seus valores. "O trabalho *não* é pessoal", costumava apregoar esse pensamento. Mas isso na verdade é um disparate.

Minha pesquisa com dezenas de empresas e centenas de pessoas – junto com a pesquisa conduzida por neurocientistas como Richard Davidson e V. S. Ramachandran e estudiosos como Shawn Achor – aponta cada vez mais para um fato simples: pessoas felizes trabalham melhor. Aquelas que estão comprometidas e engajadas com suas funções e seus colegas trabalham com mais intensidade – e de forma mais inteligente.

No entanto, um número assustadoramente alto de profissionais não tem comprometimento. De acordo com um relatório desanimador de 2013 da Gallup, apenas 30% da força de trabalho dos Estados Unidos está comprometida. Isso se reflete no meu trabalho. Poucas pessoas estão de fato "comprometidas emocional e intelectualmente" com suas organizações.[1] A grande maioria não dá a mínima para o que acontece ao seu redor. Contentam-se em saber que na quarta-feira já alcançaram a metade da semana e estão trabalhando apenas para chegar a mais uma sexta-feira. E há outro grupo, que corresponde a quase um em cada cinco funcionários, que está *de fato descomprometido*, de acordo com o mesmo relatório. Esses indivíduos sabotam projetos, prejudicam colegas e, em geral, causam estragos em seus locais de trabalho.

O relatório da Gallup também ressalta que o comprometimento dos funcionários permaneceu regular ao longo dos anos, apesar dos altos e baixos da economia. É assustador: já há muito tempo não estamos comprometidos com o trabalho.

Não é nada legal trabalhar com pessoas descomprometidas e infelizes, elas não agregam muito valor e afetam nossas organizações (e nossa economia) de forma profundamente negativa. É ainda pior quando são líderes, pois acabam contaminando os outros com suas atitudes. Suas emoções e seu estado mental impactam bastante o humor e o desempenho dos demais funcionários. Afinal, o modo como nos sentimos está relacionado ao que e como pensamos. Em outras palavras, o pensamento influencia a emoção, e a emoção influencia o pensamento.[2]

É hora de acabar com o mito de que os sentimentos não são importantes no trabalho. A ciência está do nosso lado: há conexões neurológicas claras entre sentimentos, pensamentos e ações.[3] Quando estamos presos a fortes emoções negativas, é como se usássemos antolhos. Ficamos concentrados principalmente – e às vezes exclusivamente – na fonte da dor. Não processamos informações, não pensamos de forma criativa nem tomamos boas decisões. A frustração, a raiva e o estresse desligam uma parte importante de nós – a parte que está pensando e está comprometida.[4] A falta de comprometimento é uma resposta neurológica e psicológica natural às emoções negativas generalizadas.

Mas não é apenas com as emoções negativas que precisamos ter cuidado. Emoções positivas extremamente fortes talvez tenham o mesmo efeito.[5] Alguns estudos mostram que a felicidade em excesso pode tornar a pessoa menos criativa e menos inclinada a comportamentos arriscados (pense em como agimos como tolos quando nos apaixonamos). Já vi pessoas em um frenesi durante conferências de vendas e eventos corporativos, mas pouco aprendizado ou inovação emergem desses encontros.

Se podemos concordar que o estado emocional no trabalho tem grande importância, o que podemos fazer para aumentar o comprometimento e melhorar o desempenho?

Nos últimos anos, eu e minha equipe no Instituto de Liderança Teleos estudamos dezenas de organizações e entrevistamos milhares de funcionários. Os primeiros resultados sobre as relações entre os sentimentos e o comprometimento profissional são fascinantes. Há semelhanças claras entre o que as pessoas dizem que querem e do que precisam, não importando de onde sejam, para quem trabalham ou em que área atuam. A tendência é achar que existem grandes diferenças entre os setores e entre regiões e países, mas a pesquisa desafia essa suposição.

Praticamente todos dizem que, para sermos cem por cento comprometidos e felizes, precisamos de três coisas:

1. *Uma visão de futuro que tenha significado.* Quando os entrevistados conversavam com nossa equipe de pesquisa sobre o que funcionava ou não em suas organizações e o que mais os ajudava ou prejudicava, citavam a *visão*. As pessoas querem ver o futuro e saber como se encaixam nele. E, como mostrou nosso trabalho sobre mudança intencional com o especialista em comportamento organizacional Richard Boyatzis, os funcionários aprendem e mudam quando têm uma visão pessoal ligada a uma visão organizacional.[6] Infelizmente, muitos líderes não mostram uma visão muito convincente do futuro, não tentam conectá-la às visões pessoais dos funcionários e não se comunicam bem. No fim das contas, eles perdem as pessoas.

2. *Um senso de propósito.* As pessoas querem sentir que seu trabalho faz diferença, que suas contribuições ajudam a alcançar algo realmente importante. E, com exceção das que já estão no topo, o valor para o acionista não é uma meta significativa que as entusiasme e engaje. As pessoas querem saber que elas – e suas organizações – estão fazendo algo relevante para os outros.

3. *Ótimos relacionamentos.* Sabemos que as pessoas entram acolhendo uma organização e saem deixando um chefe.[7] Um relacionamento difícil com o chefe é absolutamente doloroso. O mesmo vale para relacionamentos ruins com os colegas. Líderes, gestores e funcionários comentaram que relações íntimas, de confiança e de apoio são de extrema importância para seu estado de espírito – e sua disposição de contribuir para a equipe.

Juntas, a ciência do cérebro e a pesquisa organizacional vêm desmascarando os velhos mitos: as emoções são muito importantes no trabalho.

A felicidade é importante. Para que estejam totalmente comprometidos, os profissionais precisam de visão, significado, propósito e relacionamentos saudáveis.

Depende de nós como indivíduos encontrar maneiras de viver nossos valores no trabalho e construir ótimos relacionamentos. E é dever dos líderes criar um ambiente onde os funcionários possam crescer. É simples e prático: se você quer uma força de trabalho comprometida, preste atenção em como cria uma visão, relacione o trabalho das pessoas ao objetivo maior da empresa e recompense aquelas que se dão bem com as demais.

ANNIE MCKEE é membro sênior da Universidade da Pensilvânia, diretora do Programa de Doutorado Executivo PennCLO e fundadora do Instituto de Liderança Teleos. É coautora, com Daniel Goleman e Richard Boyatzis, de *O poder da inteligência emocional* (Objetiva), além de coautora de *O poder da liderança emocional* (Campus) e *Becoming a Resonant Leader* (Harvard Business Review Press). As ideias deste artigo estão mais bem aprofundadas em seu livro *How to Be Happy at Work* (Harvard Business Review Press).

Notas

1. A. K. Goel et al., "Measuring the Level of Employee Engagement: A Study from the Indian Automobile Sector", *International Journal of Indian Culture and Business Management*, 6, nº 1 (2013), p. 521.
2. J. Lite, "MIND Reviews: The Emotional Life of Your Brain", *Scientific American MIND*, 1º de julho de 2012, http://www.scientificamerican.com/article/mind-reviews-the-emotional-life-of/.
3. D. Goleman e Dalai-Lama, *Como lidar com emoções destrutivas: para viver em paz com você e com os outros* (Rio de Janeiro: Campus, 2003).
4. D. Goleman et al., *O poder da inteligência emocional: como liderar com sensibilidade e eficácia* (Rio de Janeiro: Objetiva, 2018).
5. J. Gruber, "Four Ways Happiness Can Hurt You", *Greater Good*, 3 de maio de 2012, http://greatergood.berkeley.edu/article/item/four_ways_happiness_can_hurt_you.
6. R. E. Boyatzis e C. Soler, "Vision, Leadership, and Emotional Intelligence Transforming Family Business", *Journal of Family Business Management*, 2, nº 1 (2012), p. 2330; e A. McKee et al., *Becoming a Resonant Leader: Develop Your Emotional Intelligence, Renew Your Relationships, Sustain Your Effectiveness* (Boston: Harvard Business Review Press, 2008), http://www.amazon.com/Becoming-Resonant-Leader-Relationships-Effectiveness/dp/1422117340.
7. "How Managers Trump Companies", *Gallup Business Journal*, 12 de agosto de 1999, http://businessjournal.gallup.com/content/523/how-managers-trump-companies.aspx.

Adaptado da publicação de 14 de novembro de 2014.

3

A ciência por trás do sorriso

A pesquisa

Uma entrevista com Daniel Gilbert,
por Gardiner Morse

Daniel Gilbert, professor de psicologia de Harvard, ficou bastante conhecido por seu best-seller *O que nos faz felizes*. Seu trabalho revela, entre outras coisas, os erros sistemáticos que todos cometemos ao imaginar quão felizes (ou infelizes) seremos. Nesta entrevista editada feita por Gardiner Morse, da *HBR*, Gilbert analisa o campo da pesquisa da felicidade e explora suas fronteiras.

HBR: *A pesquisa sobre felicidade se tornou um tema bastante relevante nos últimos 20 anos. Por quê?*

Gilbert: Faz pouco tempo que percebemos que poderíamos unir uma das nossas perguntas mais antigas – "Qual é a natureza da felicidade humana?" – e nossa nova maneira de obter respostas: a ciência. Até pouco tempo atrás, a questão da felicidade estava sobretudo nas mãos de filósofos e poetas.

Os psicólogos sempre se interessaram pela emoção, mas nas últimas duas décadas o estudo das emoções explodiu, e uma das que os psicólogos estudaram com mais intensidade foi a felicidade. Recentemente, economistas e neurocientistas se juntaram a esse grupo. Todas essas disciplinas têm interesses distintos mas que se cruzam: os psicólogos querem entender o que as pessoas sentem, os economistas querem saber o que as pessoas valorizam e os neurocientistas querem saber como o cérebro responde às recompensas. Ter três disciplinas distintas interessadas em um único tópico trouxe esse assunto para o mapa científico. Artigos sobre felicidade são publicados na revista norte-americana *Science*, pessoas que estudam a felicidade ganham prêmios Nobel e governos do mundo inteiro anseiam por descobrir como medir e aumentar a felicidade de seus cidadãos.

Como é possível medir algo tão subjetivo quanto a felicidade?

Medir experiências subjetivas é muito mais fácil do que você imagina. É o que seu oftalmologista faz quando receita uns óculos para você. Ele põe uma lente na frente dos seus olhos e pede que você relate sua experiência, então coloca outra lente e depois outra. O médico usa seus relatos como dados, submete-os à análise científica e projeta uma lente que lhe dará uma visão perfeita – tudo com base nos relatos de sua experiência subjetiva.

Os relatos em tempo real das pessoas são aproximações muito boas de suas experiências e permitem que enxerguemos o mundo pelos olhos delas. Uma pessoa pode não ser capaz de dizer quanto ficou feliz ontem ou quão feliz estará amanhã, mas diz como se sente no momento em que a interrogamos. "Como você está?" talvez seja a pergunta mais recorrente do mundo, e ninguém fica perplexo com isso.

Existem muitas maneiras de medir a felicidade. Podemos perguntar "Quão feliz você está agora?" e fazer as pessoas classificarem o que sentem em uma escala. Podemos usar a ressonância magnética para medir o fluxo sanguíneo cerebral ou eletromiografia para medir a atividade dos "músculos do sorriso" no rosto. Na maioria dos casos, essas medidas estão altamente correlacionadas, mas é preferível usar um método mais simples e barato.

Mas a escala em si já não é subjetiva? Seu nível cinco pode ser o meu seis.

Imagine que uma farmácia vendeu vários termômetros baratos que não estavam muito bem calibrados. Pessoas com temperaturas normais podem medir algo diferente de 37 graus e duas pessoas com a mesma temperatura podem obter valores diferentes. Essas imprecisões talvez levem indivíduos a procurar tratamento médico de que não precisam ou a não receber o tratamento de que precisam. Então, termômetros com defeito às vezes são um problema – mas nem sempre. Por exemplo, se eu trouxesse 100 voluntários ao meu laboratório, expusesse metade deles a um vírus da gripe e então usasse esses termômetros para medir suas temperaturas uma semana depois, a temperatura média daqueles que foram expostos ao vírus quase certamente seria mais alta que a dos demais. Alguns termômetros mostrariam temperaturas um pouco mais baixas, outros, um pouco mais altas, mas, desde que eu medisse pessoas suficientes, as imprecisões se anulariam. Mesmo com instrumentos mal calibrados, podemos comparar grandes grupos de pessoas.

Uma escala de classificação é como um termômetro com defeito. Suas imprecisões o tornam inadequado para alguns tipos de medição (por exemplo, dizer com exatidão quanto John ficou feliz às 10h42 de 3 de julho de 2010), mas é perfeitamente apropriado para os tipos de medidas que a maioria dos cientistas em psicologia faz.

O que todos esses pesquisadores da felicidade descobriram?

Grande parte das pesquisas confirma coisas de que sempre suspeitamos. Por exemplo, em geral as pessoas que têm um bom relacionamento amoroso são mais felizes do que as que não têm. Indivíduos saudáveis são mais felizes do que os doentes. Quem frequenta sua igreja é mais feliz do que quem não frequenta. Os ricos são mais felizes que os pobres. E assim por diante.

Dito isso, houve algumas surpresas. Apesar de todas essas coisas tornarem as pessoas mais felizes, é surpreendente quão pouco qualquer uma delas importa. Sim, uma nova casa ou um novo cônjuge pode deixá-lo mais feliz, mas não muito e não por muito tempo. Na verdade, as pessoas não são muito boas em prever o que as fará felizes ou por quanto tempo essa felicidade vai durar. Elas esperam que os acontecimentos positivos as tornem muito mais felizes do que eles de fato as tornam e esperam que os negativos as tornem mais infelizes do que de fato acontece.

Tanto nos estudos de campo quanto nos de laboratório, descobrimos que vencer ou não uma eleição, ganhar ou perder um parceiro amoroso, receber ou não uma promoção, ser aprovado ou reprovado em um exame, tudo isso tem menos impacto na felicidade do que as pessoas acham que terá. Um estudo recente mostrou que pouquíssimas experiências nos afetam por mais de três meses. Quando coisas boas acontecem, celebramos por um tempo e depois voltamos à normalidade. Quando coisas ruins acontecem, choramos por um tempo e então nos levantamos e seguimos em frente.

Por que os acontecimentos têm um efeito tão fugaz sobre a felicidade?

Uma razão é que as pessoas são boas em sintetizar a felicidade, em enxergar o lado bom das coisas. Como resultado, elas em geral acabam mais felizes do que esperavam depois de quase qualquer tipo de trauma ou tragédia. Pegue um jornal e você encontrará muitos exemplos. Você se lembra do político americano Jim Wright, que, em desgraça, renunciou ao cargo de presidente da Câmara dos Representantes por causa de um negócio suspeito envolvendo as vendas de um livro? Alguns anos depois, ele disse ao *The New York Times* que estava "muito melhor em termos de saúde, financeiros, emocionais, mentais e em quase todos os outros". Também podemos citar Moreese Bickham, que passou 37 anos na Penitenciária Estadual da Louisiana. Depois de sua libertação, ele falou: "Não me arrependi nem por um minuto. Foi uma experiência gloriosa." Esses caras parecem estar vivendo no melhor dos mundos possíveis. Em outro exemplo, Pete Best, o primeiro baterista dos Beatles, foi substituído por Ringo Starr em 1962, pouco antes de o grupo estourar. Agora ele é um baterista freelancer. O que ele tem a dizer sobre ter perdido a chance de pertencer à banda mais famosa do século XX? "Estou mais feliz do que estaria com os Beatles."

Uma das descobertas mais confiáveis dos estudos sobre a felicidade é que não precisamos correr para o terapeuta toda vez que temos um revés. Possuímos uma capacidade notável de extrair o melhor das situações. A maioria dos indivíduos é mais resiliente do que imagina.

Eles não estão se iludindo? A felicidade real não é melhor do que a felicidade sintética?

Vamos tomar cuidado com os termos aqui. O nylon é real; só não é natural. A felicidade sintética é perfeitamente real, só que é fabricada pelo homem. A felicidade sintética é o que produzimos quando não conseguimos o que queremos, e a felicidade natural é o que experimentamos quando conseguimos.

Elas têm origens diferentes, mas não são diferentes em termos de como são sentidas. Uma não é obviamente melhor do que a outra.

É claro que nem todo mundo vê as coisas assim. Muitas pessoas acham que a felicidade sintética não é tão "boa" quanto a outra – que os indivíduos que a produzem estão apenas se enganando e não estão de fato felizes. Não conheço nenhuma evidência que comprove isso. Se você ficar cego ou perder uma fortuna, descobrirá que há uma nova vida do outro lado desses acontecimentos. E encontrará vários aspectos muito bons nessa nova vida. Na verdade, achará algumas coisas ainda melhores do que as que tinha antes. Você não está mentindo para si mesmo; não está se iludindo. Está apenas descobrindo fatos que não sabia – *não poderia* saber – antes de estar nessa nova condição. Você está procurando coisas que tornam sua nova vida melhor, as encontra e elas o fazem feliz.

O que mais me impressiona como cientista é que a maioria de nós não faz ideia de como somos bons em encontrar essas coisas. Nunca dizemos: "Ah, claro, se eu perdesse meu dinheiro ou se minha esposa me deixasse, eu encontraria uma maneira de ser tão feliz quanto sou agora." Nunca diríamos isso, mas é verdade.

Estar sempre feliz é desejável? Veja todos estes gênios criativos infelizes – Beethoven, Van Gogh, Hemingway. Um pouco de infelicidade não ajuda a garantir um bom desempenho?

Bobagem! Todos podem pensar em um exemplo de alguém que foi infeliz e criativo, mas isso não significa que o sofrimento promova a criatividade. Sem dúvida existe alguém que fumou dois maços de cigarro por dia e viveu até os 90 anos, mas isso não quer dizer que os cigarros fazem bem à saúde. A diferença entre usar narrativas e usar a ciência para provar um ponto é que, na ciência, você não pode simplesmente selecionar a história que melhor lhe convier. É necessário examinar *todas* as histórias, ou pelo menos obter uma amostra razoável delas, e ver se há mais criativos infelizes ou criativos felizes, mas não criativos infelizes ou não criativos felizes.

Se o sofrimento promovesse a criatividade, você veria uma porcentagem maior de criativos entre os infelizes do que entre os mais satisfeitos. E não é o que acontece. Em geral, pessoas felizes são mais criativas e mais produtivas. Alguma vez houve um ser humano cujo sofrimento foi a fonte de sua criatividade? Com certeza. Mas essa pessoa é a exceção, não a regra.

Muitos gestores diriam que os satisfeitos não são os funcionários mais produtivos, por isso é bom mantê-los um pouco desconfortáveis, talvez um pouco ansiosos, com relação a seus empregos.

Os gestores que coletam dados em vez de confiar na intuição não dizem isso. Não conheço nenhum dado que prove que funcionários ansiosos e com medo sejam mais criativos ou produtivos. Lembre-se: contentamento não significa sentar e olhar para a parede. Isso é o que as pessoas fazem quando estão entediadas, e todos *detestam* ficar assim.

Sabemos que as pessoas são mais felizes quando são devidamente desafiadas – quando tentam atingir metas difíceis porém não impossíveis. Desafio e ameaça não são a mesma coisa. As pessoas florescem quando desafiadas e murcham quando ameaçadas. É claro que é possível obter resultados por meio de ameaças. Se você disser "Se não me entregar isso até sexta-feira, você será demitido", é provável que tenha o que quer até a sexta-feira. Mas também terá um funcionário que, depois disso, fará o possível para prejudicá-lo, que não será leal à organização e nunca fará mais do que deve. Seria muito mais eficaz lhe dizer: "Não acho que a maioria das pessoas conseguiria concluir isso até sexta-feira. Tenho plena fé e confiança de que você consegue. E isso é de extrema importância para toda a equipe." Os psicólogos estudaram a recompensa e a punição por um século, e a conclusão é absolutamente clara: a recompensa funciona melhor.

Então o desafio deixa as pessoas felizes. O que mais sabemos agora sobre as fontes de felicidade?

Se eu tivesse que resumir em uma palavra toda a literatura científica a respeito das causas da felicidade humana, escolheria "social". Somos de longe a espécie mais sociável da Terra. Nem as formigas ganham de nós. Se eu precisasse prever sua felicidade e pudesse saber apenas uma coisa sobre você, não gostaria de saber seu gênero, sua religião, sua saúde ou sua renda. Eu gostaria de saber sobre sua rede social – seus amigos e familiares e a força de seus laços com eles.

Além de manter relações fortes, o que nos faz feliz no dia a dia?

O psicólogo Ed Diener chegou a uma conclusão de que gosto muito. Em suma, ele mostra que a *frequência* de suas experiências positivas é um indicador muito melhor de sua felicidade do que a *intensidade* dessas experiências. Quando refletimos sobre o que nos faria felizes, tendemos a pensar em acontecimentos intensos – sair com uma estrela de cinema, ganhar um Pulitzer, comprar um iate. Só que Diener e seus colegas mostraram que a qualidade das experiências não importa tanto quanto a quantidade de boas experiências por que você passa. É provável que alguém que tenha uma dezena de coisas agradáveis acontecendo a cada dia vá ser mais feliz do que alguém a quem aconteceu uma única coisa incrível. Portanto, use sapatos confortáveis, dê um beijo demorado no seu cônjuge, roube uma batata frita. Parecem coisas pequenas, e são! Mas as pequenas coisas importam.

Acho que isso ajuda a explicar por que é tão difícil prevermos nossos estados afetivos. Imaginamos que um ou dois acontecimentos grandiosos terão um efeito profundo. Mas tudo parece indicar que a felicidade é a soma de centenas de pequenos acontecimentos. Alcançar a felicidade requer a mesma abordagem que perder peso. As pessoas que tentam emagrecer querem uma pílula mágica que lhes dê resultados mágicos, instantâneos. Isso não existe. Sabemos exatamente como isso acontece: elas comem menos e se exercitam mais. Elas não precisam comer *muito* menos ou se exercitar *muito* mais – só precisam fazer isso de forma consistente. Com o tempo, isso se soma. A felicidade é assim. As coisas que você pode fazer para aumentar sua felicidade são óbvias e pequenas e demandam pouco tempo. Mas você tem que fazê-las todos os dias e esperar pelos resultados.

Quais são essas pequenas coisas que podemos fazer para aumentar nossa felicidade?

Elas não vão surpreender você mais do que "comer menos e se exercitar mais". O principal é se comprometer com alguns comportamentos simples – meditar, praticar exercícios, dormir o suficiente e ser altruísta. Uma das coisas mais egoístas que você pode fazer é ajudar os outros. Seja voluntário em um abrigo. Você pode ou não ajudar os desabrigados, mas certamente vai ajudar a si mesmo. E cultive suas conexões sociais. Duas vezes por semana, escreva três coisas pelas quais você é grato e diga a alguém por que é grato por essas coisas. Eu sei que isso parece com os sermões da sua avó, mas, bem, a sua avó era esperta. O segredo da felicidade é como emagrecer: não é um segredo!

Se não há segredo, o que resta para estudar?

Perguntas não faltam. Por décadas, psicólogos e economistas têm perguntado: "Quem é feliz? Os ricos? Os pobres? Os jovens? Os velhos?" O mais eficiente era dividir as pessoas em grupos, entrevistá-las uma ou duas vezes e tentar determinar se os indivíduos de um grupo eram, em média, mais felizes do que os dos outros grupos. As ferramentas que usamos eram instrumentos bastante grosseiros. Mas agora milhões de indivíduos carregam pequenos computadores em seus bolsos – os smartphones – e isso nos permite coletar dados em tempo real de um grande número de pessoas sobre o que estão fazendo e sentindo a cada momento. Isso nunca foi possível antes.

Um de meus colaboradores, Matt Killingsworth, criou um aplicativo de amostragem de experiências chamado Track Your Happiness (Rastreie sua felicidade). Ele acompanha mais de 15 mil pessoas pelo iPhone, consultando-as várias vezes ao dia sobre suas atividades e estado emocional. Estão em casa? No ônibus? Vendo televisão? Rezando? Como estão se sentindo? No que estão pensando? Com essa tecnologia, Matt começou a responder a uma pergunta muito melhor do que a que temos feito há décadas. Em vez de questionar *quem* é feliz, ele pode perguntar *quando* as pessoas são felizes. Ele não recebe a resposta que deseja perguntando "Quando você se sente feliz?" – porque, francamente, ninguém sabe. Ele obtém a resposta que rastreando os indivíduos ao longo de dias, meses e anos e registrando o que estão fazendo e quão felizes ficam enquanto fazem isso ou aquilo. Acho que esse tipo de tecnologia está prestes a revolucionar nossa compreensão das emoções diárias e do bem-estar humano. (Veja o quadro "O futuro da pesquisa da felicidade", na pág. 49.)

Quais são as novas fronteiras da pesquisa sobre felicidade?

Precisamos nos tornar mais específicos sobre o que estamos medindo. Muitos cientistas dizem que estudam a felicidade, mas, quando você analisa o que estão medindo, percebe que na verdade estão pesquisando a depressão ou a satisfação com a vida. Essas coisas não são exatamente iguais a felicidade, embora estejam relacionadas a ela, é claro. Pesquisas mostram que, quando observamos momentos isolados, pessoas com filhos são menos felizes do que pessoas sem filhos. Por outro lado, quem tem filhos pode se sentir realizado de uma forma que quem não tem não se sente. Não faz sentido dizer quem é mais feliz: cada grupo é mais feliz em alguns aspectos e menos em outros. Precisamos parar de pintar nosso retrato da felicidade com um pincel tão grosso.

Será que toda essa pesquisa nos tornará mais felizes?

Ainda estamos aprendendo e continuaremos a aprender como aumentar nossa felicidade. Então, sim, não há dúvida de que a pesquisa ajudou e continuará a nos ajudar a ser mais felizes. Mas ainda resta a grande questão: que tipo de felicidade *deveríamos* desejar? Por exemplo, queremos que a felicidade média de nossos momentos seja a maior possível ou queremos que a soma de nossos momentos felizes seja a maior possível? São coisas diferentes. Queremos vidas livres de dor e sofrimento ou há valor nessas experiências? Em breve, a ciência poderá nos dizer como ter a vida que desejamos, mas nunca nos dirá que tipo de vida deveríamos querer. Isso caberá a nós decidir.

O FUTURO DA PESQUISA DA FELICIDADE

Matthew Killingsworth

Você pode achar que é fácil descobrir o que nos faz felizes. Até há pouco tempo, porém, os pesquisadores tinham que confiar principalmente nos relatos das pessoas sobre seu estado emocional médio durante longos períodos de tempo e em indicativos de felicidade pesquisados com facilidade, como variáveis demográficas. Como resultado, sabemos que as pessoas casadas ou ricas são, em média, mais felizes do que as solteiras ou menos favorecidas. Mas por que ser casado ou ter dinheiro torna alguém feliz?

Concentrar-se em estados emocionais médios também suaviza as flutuações de curto prazo na felicidade e, consequentemente, diminui nossa capacidade de entender as causas dessas flutuações. Por exemplo, como os detalhes de cada momento do dia a dia afetam a felicidade de uma pessoa?

Agora podemos começar a responder perguntas como essas, graças ao smartphone. Para um projeto de pesquisa em andamento chamado Track Your Happiness (Rastreie sua felicidade), recrutei mais de 15 mil

(continua)

pessoas em 83 países para relatar seu estado emocional em tempo real, usando os dispositivos que já carregam consigo todos os dias. Criei um aplicativo para iPhone que consulta os usuários em intervalos aleatórios, perguntando sobre seu humor (os entrevistados deslizam um botão em uma escala que varia de "muito ruim" a "muito bom"), o que estão fazendo (eles podem selecionar entre 22 opções, incluindo trabalho, deslocamento/transporte, exercícios e alimentação) e fatores como o nível de produtividade, o ambiente, a quantidade e a qualidade do sono e suas interações sociais. Desde 2009, coletamos mais de meio milhão de dados, fazendo deste, até onde sei, o primeiro estudo em larga escala sobre a felicidade na vida diária.

Um grande achado é que as mentes das pessoas vagueiam durante quase metade do tempo, e isso parece piorar seu humor. Perder-se em assuntos desagradáveis ou até mesmo neutros está associado à felicidade acentuadamente menor; desviar-se para assuntos positivos não tem efeito algum. A quantidade de tempo que a mente divaga varia muito dependendo da atividade, de cerca de 60% durante o deslocamento, a 30% quando conversam

(continua)

com alguém ou jogam, e a 10% durante o sexo. Mas, não importa o que as pessoas estejam fazendo, elas são muito menos felizes quando suas mentes estão vagando do que quando estão focadas.

Tudo isso sugere fortemente que, para otimizar nosso bem-estar emocional, devemos prestar pelo menos tanta atenção em onde nossas mentes estão quanto no que nossos corpos estão fazendo. No entanto, para a maioria de nós, o foco de nossos pensamentos não faz parte do planejamento diário. Quando você acorda em um sábado de manhã e pergunta "O que vou fazer hoje?", a resposta em geral é sobre aonde levará seu corpo – à praia, ao treino de futebol infantil, a uma corrida. O que você também deve perguntar é: "O que vou fazer com minha mente hoje?"

Uma corrente correlata de pesquisa examina a relação entre a mente errante e a produtividade. Muitos gestores, em especial aqueles cujos funcionários realizam trabalhos criativos, podem sentir que certa quantidade de devaneio é uma coisa boa, proporcionando um descanso mental e talvez levando as pessoas a refletirem sobre assuntos relacionados ao trabalho. Infelizmente, até agora os dados

(continua)

sugerem que, além de reduzir a felicidade, deixar a mente vagar no trabalho reduz a produtividade. E a mente dos funcionários se desvia muito mais do que se imagina – cerca de 50% do tempo de expediente – e quase sempre se volta para preocupações pessoais. Os gestores podem querer encontrar maneiras de ajudar os funcionários a manter o foco, para o bem dos funcionários e da empresa.

Os dados também vêm começando a compor um quadro de variações na felicidade de um mesmo indivíduo e de um indivíduo para outro. O que mais chama a atenção aqui é que a felicidade varia mais de momento a momento do que de pessoa para pessoa. Isso sugere que não são as condições estáveis de nossas vidas, como onde moramos ou se somos casados, os principais motivadores da felicidade; são as pequenas coisas do cotidiano que contam mais.

Também sugere que a felicidade no trabalho pode depender mais de nossas experiências a cada momento – interações rotineiras com colegas, projetos, contribuições diárias – do que das condições estáveis que se acredita que promovam a felicidade, como um salário alto ou um cargo de prestígio.

(continua)

Uma mente focada é uma mente feliz

Participantes foram questionados sobre o humor e a distração mental durante 22 atividades. As bolas representam suas atividades e pensamentos. Quanto mais à direita a bola está, mais felizes as pessoas se sentiam, em média. Quanto maior a bola, mais frequentemente elas estavam concentradas na atividade ou no pensamento.

descansando, dormindo
trabalhando
usando o computador de casa
em deslocamento, viajando
arrumando-se e cuidando de si
ouvindo notícias no rádio
outras atividades
fazendo tarefas domésticas
assistindo à televisão
lendo
relaxando
cuidando de crianças
fazendo compras, resolvendo coisas na rua
cozinhando
rezando, adorando, meditando
comendo
caminhando, passeando
ouvindo música
jogando
conversando
fazendo amor
se exercitando

mente vagando por assuntos desagradáveis
mente vagando por assuntos neutros
mente vagando por assuntos agradáveis
mente concentrada

Escala de felicidade
baixa   média   alta

(continua)

Uma prioridade da minha pesquisa atual e futura é implantar essa tecnologia de rastreamento no local de trabalho e, espero, finalmente revelar o que de fato faz os colaboradores felizes.

Matthew Killingsworth é doutorando em psicologia na Universidade Harvard. É o criador do www.trackyourhappiness.com.

DANIEL GILBERT é professor de psicologia na Universidade Harvard. Ganhou vários prêmios por sua pesquisa e ensino, incluindo o prêmio científico da Associação Americana de Psicologia pela contribuição precoce em sua carreira para a psicologia. É autor de *O que nos faz felizes* (Campus) e apresentador e roteirista da série da PBS *This Emotional Life*.

GARDINER MORSE é editor sênior da *Harvard Business Review*.

Publicado originalmente em janeiro/fevereiro de 2012.

4

O poder das pequenas vitórias

Melhore o aspecto interior da vida profissional

Teresa M. Amabile e Steven J. Kramer

Qual é a melhor maneira de estimular a inovação dentro das organizações? Podemos encontrar pistas importantes nas histórias de criadores de renome mundial. O fato é que cientistas, profissionais de marketing, programadores e outros trabalhadores do conhecimento, cujas atividades exigem produtividade criativa todos os dias, têm mais em comum com os inovadores famosos do que a maioria dos gestores imagina. Os acontecimentos que inflamam suas emoções, alimentam sua motivação e acionam suas percepções são essencialmente os mesmos.

A dupla hélice, livro de memórias de James Watson de 1968 sobre a descoberta da estrutura do DNA, descreve a montanha-russa de emoções que ele e Francis Crick experimentaram durante os avanços e os retrocessos do trabalho que acabou por render-lhes o prêmio Nobel. Depois da empolgação de sua primeira tentativa de construir um modelo de DNA, Watson e Crick encontraram algumas falhas graves. Segundo Watson, "nossos primeiros minutos com os modelos não foram alegres". Mais tarde naquela noite, "uma forma começou a surgir, o que nos reanimou". Mas quando eles mostraram seu "avanço" aos colegas, descobriram que seu modelo não funcionaria. Dias sombrios de dúvida e desânimo se seguiram. Quando a dupla enfim chegou a uma descoberta genuína, Watson escreveu: "Meu moral disparou, pois eu suspeitava de que tínhamos achado a resposta para o enigma." Watson e Crick ficaram tão motivados que praticamente moravam no laboratório, tentando completar o trabalho.

O progresso de Watson e Crick – ou a falta dele – determinou suas reações. Em nossa recente pesquisa sobre trabalho criativo dentro de empresas, deparamos com um fenômeno notavelmente similar. Por meio da análise exaustiva de diários mantidos por trabalhadores do conhecimento, descobrimos o "princípio do progresso": de todas as coisas que podem intensificar emoções, motivação e percepções durante um dia de trabalho, a mais importante é fazer algum progresso em um trabalho significativo. E quanto maior a frequência com que as pessoas experimentam essa ideia de progresso, maior a probabilidade de elas serem criativamente produtivas a longo prazo. Quer estejam tentando resolver um grande mistério científico ou apenas produzir um produto ou serviço de alta qualidade, o progresso diário – até mesmo uma pequena vitória – pode fazer toda a diferença em como se sentem e atuam.

O poder do progresso é fundamental para a natureza humana, mas poucos gestores entendem ou sabem como alavancá-lo para aumentar a motivação. De fato, a motivação para o trabalho tem sido objeto de um debate de longa data. Em uma pesquisa que indagava quais seriam os segredos para motivar os funcionários, descobrimos que alguns gestores classificaram o reconhecimento pelo bom trabalho como o mais importante, enquanto outros apostavam mais em incentivos tangíveis. Alguns se concentraram no valor do apoio interpessoal, ao passo que outros achavam que metas claras eram a resposta. Curiosamente, muito poucos dos gestores entrevistados puseram o progresso em primeiro lugar. (Veja o quadro "Uma surpresa para os gestores", na página seguinte.)

Se você é gestor, o princípio do progresso contém implicações claras para onde concentrar seus esforços. Ele sugere que você tem mais influência do que imagina no bem-estar, na motivação e na produção criativa dos funcionários. Saber o que funciona para catalisar e alimentar o progresso – e o que provoca o contrário – é o segredo para gerenciar efetivamente as pessoas e seu trabalho.

Neste artigo, compartilhamos o que aprendemos sobre o poder do progresso e como os gestores podem potencializá-lo. Explicamos como o foco no progresso se traduz em ações gerenciais concretas e fornecemos um checklist para ajudar a tornar tais comportamentos habituais. Mas, a fim de esclarecer por que essas ações são tão poderosas, primeiro descrevemos nossa pesquisa e o que os diários dos trabalhadores do conhecimento revelaram sobre o "aspecto interior de sua vida profissional".

UMA SURPRESA PARA OS GESTORES

Em uma edição de 1968 da *HBR*, Frederick Herzberg publicou um artigo agora clássico intitulado "Mais uma vez: como você motiva os funcionários?". Os resultados de nossas pesquisas são consistentes com sua mensagem: as pessoas ficam mais satisfeitas (e, portanto, mais motivadas) quando o trabalho lhes dá a oportunidade de realizar. A pesquisa do diário que descrevemos neste artigo – na qual examinamos microscopicamente os acontecimentos de milhares de dias úteis, em tempo real – revelou o mecanismo subjacente ao sentimento de realização: progredir consistente e significativamente.

No entanto, os gestores parecem não ter levado a sério a lição de Herzberg. Para avaliar a conscientização contemporânea sobre a importância do progresso diário do trabalho, recentemente fizemos uma pesquisa com 669 gestores de diferentes níveis de dezenas de empresas em todo o mundo. Perguntamos sobre as ferramentas gerenciais que podem afetar a motivação e as emoções dos funcionários. Os entrevistados classificaram cinco: apoio para progredir no trabalho, reconhecimento pelo bom desempenho, recompensas, apoio interpessoal e metas claras – em ordem de importância.

(continua)

Dos gestores que participaram da pesquisa, 95% provavelmente ficariam surpresos ao saber que apoiar o progresso é a principal forma de aumentar a motivação – porque essa é a porcentagem dos que não classificaram o progresso em primeiro lugar. Na verdade, apenas 35 gestores classificaram o progresso como o motivador número um. Esse número equivale a somente 5%.

A grande maioria dos entrevistados classificou o apoio para fazer progressos no trabalho como o último quesito na influência sobre a motivação e o terceiro na influência sobre a emoção. Eles consideraram "reconhecimento pelo bom desempenho (em público ou em particular)" o fator mais importante para motivar os funcionários e torná-los felizes. Em nosso estudo diário, o reconhecimento sem dúvida impulsionou o aspecto interior da vida profissional. Mas não foi tão proeminente quanto o progresso. Além disso, sem realizações, há pouco o que reconhecer.

Aspecto interior da vida profissional e desempenho

Durante quase 15 anos temos estudado as experiências psicológicas e o desempenho de pessoas que realizam trabalhos complexos dentro das organizações. Logo no início, percebemos que um fator central do desempenho criativo e produtivo era a qualidade do aspecto interior da vida profissional de uma pessoa: a mistura de emoções, motivações e percepções ao longo de um dia de trabalho. Como os funcionários felizes se sentem; como são motivados por um interesse intrínseco no trabalho; quão positivamente eles veem sua organização, sua gestão, sua equipe, seu trabalho e a si mesmos – tudo isso se combina para levá-los a níveis mais altos de realização ou para colocá-los para baixo.

Para entender melhor essas dinâmicas internas, pedimos aos membros das equipes que, durante o projeto – em média pouco mais de quatro meses –, respondessem individualmente a uma pesquisa por e-mail no final do dia de trabalho. (Para mais informações sobre essa pesquisa, consulte nosso artigo "Inner Work Life: Understanding the

Subtext of Business Performance" [Aspecto interior da vida profissional: entendendo o subtexto do desempenho nos negócios], da *HBR* de maio de 2007.) Todos os projetos – inventar utensílios de cozinha, gerenciar linhas de produtos de ferramentas de limpeza e resolver problemas complexos de TI para uma rede de hotéis, por exemplo – envolviam criatividade. A pesquisa diária questionava sobre as emoções e o humor dos participantes, os níveis de motivação e as percepções do ambiente de trabalho naquele dia, bem como as tarefas que eles tinham feito e quais acontecimentos se destacaram em suas mentes.

Vinte e seis equipes de projetos de sete empresas participaram, abrangendo 238 indivíduos. Isso rendeu quase 12 mil entradas diárias. Naturalmente, cada indivíduo em nossa amostragem experimentou altos e baixos. O objetivo era descobrir a condição interior da vida profissional e os acontecimentos do dia de trabalho que se correlacionavam com os níveis mais altos de produção criativa.

Em uma refutação radical à alegação de que a alta pressão e o medo estimulam a realização, descobrimos que, pelo menos no campo do trabalho do conhecimento, as pessoas são mais criativas e produtivas quando o aspecto interior de sua vida profissional é positivo – quando se sentem felizes, são intrinsecamente motivadas pelo próprio trabalho e têm percepções positivas de seus colegas e da organização. Além disso, no estado positivo, as pessoas são mais comprometidas com o trabalho e mais amigáveis com quem está ao seu redor. O aspecto interior da vida profissional, como vimos, pode oscilar de um dia para outro – às vezes de modo gritante – e, junto com ele, o desempenho. Essa condição alimenta seu desempenho durante esse dia e pode até afetar o desempenho no dia *seguinte*.

Uma vez que esse efeito do aspecto interior da vida profissional ficou claro, nossa indagação se voltou para saber se e como a ação gerencial poderia colocá-lo em movimento. Quais acontecimentos poderiam evocar emoções, motivações e percepções positivas ou negativas? As respostas foram apresentadas nas anotações diárias dos participantes da pesquisa. Há gatilhos previsíveis que acentuam ou esvaziam o aspecto interior da vida profissional e, mesmo considerando a variação entre os indivíduos, são praticamente os mesmos para todos.

O poder do progresso

A busca por gatilhos do aspecto interior da vida profissional nos levou ao princípio do progresso. Quando comparamos os melhores e piores dias dos participantes da pesquisa (com base em seu humor geral, emoções específicas e níveis de motivação), descobrimos que o acontecimento mais comum que desencadeava um "melhor dia" era qualquer progresso no trabalho feito pelo indivíduo ou pela equipe. O acontecimento que mais comumente desencadeava um "pior dia" era um retrocesso, algum contratempo que prejudicava o trabalho.

Considere, por exemplo, como o progresso se relaciona com um componente do aspecto interior da vida profissional: as taxas gerais do humor. Avanços ocorreram em 76% dos melhores dias das pessoas. Por outro lado, os retrocessos ocorreram em apenas 13% desses dias. (Veja o gráfico "O que acontece em dias bons e dias ruins?", na pág. 69.)

Outros dois tipos de gatilhos do aspecto interior da vida profissional também acontecem com frequência nos melhores dias: *catalisadores*, ações que apoiam o trabalho diretamente, incluindo ajuda de uma pessoa ou grupo; e *alimentadores*, acontecimentos como demonstrações de respeito e palavras de encorajamento. Cada um tem um oposto: *inibidores*, ações que não apoiam ou que impedem ativamente o trabalho; e *toxinas*, acontecimentos desencorajadores ou prejudiciais. Enquanto catalisadores e inibidores são direcionados ao projeto, alimentadores e toxinas são direcionados à pessoa. Como no caso dos retrocessos, inibidores e toxinas são raros em dias de aspecto interior da vida profissional ótimo.

Acontecimentos em dias de humor pior são quase a imagem espelhada daqueles em dias de humor melhor. Aqui, os retrocessos predominaram, ocorrendo em 67% dos dias; progressos ocorreram em apenas 25% deles. Inibidores e toxinas também marcaram muitos dias de humor ruim, e catalisadores e alimentadores foram raros.

Este é o princípio do progresso tornado visível: se uma pessoa está motivada e feliz ao fim de um dia de trabalho, podemos apostar que ela teve algum progresso. Se a pessoa se arrastar para fora do escritório descomprometida e sem alegria, é provável que o motivo seja um contratempo.

Quando analisamos todas as 12 mil pesquisas diárias respondidas por nossos participantes, descobrimos que os progressos e os retrocessos influenciam as três condições do aspecto interior da vida profissional. Nos dias em que fizeram progresso, nossos participantes relataram mais *emoções* positivas. Eles não só estavam em um humor mais otimista em geral, mas também expressaram mais alegria, entusiasmo e orgulho. Quando sofreram retrocessos, experimentaram mais frustração, medo e tristeza.

As *motivações* também foram afetadas: nos dias de progresso, as pessoas estavam mais intrinsecamente motivadas – pelo interesse e pelo prazer do trabalho em si. Nos dias de retrocesso, elas não só estavam menos motivadas intrinsecamente, mas também extrinsecamente pelo reconhecimento. Ao que parece, contratempos podem levar um indivíduo a se sentir apático e pouco inclinado a trabalhar.

As *percepções* também diferiam de muitas maneiras. Nos dias de progresso, as pessoas percebiam desafios significativamente mais positivos em seu trabalho. Elas viam suas equipes como

O que acontece em dias bons e dias ruins?

O progresso – mesmo um pequeno passo à frente – ocorre em muitos dos dias em que as pessoas relatam estar de bom humor. Acontecimentos em dias ruins – retrocessos e outros obstáculos – são quase a imagem espelhada daqueles em dias bons.

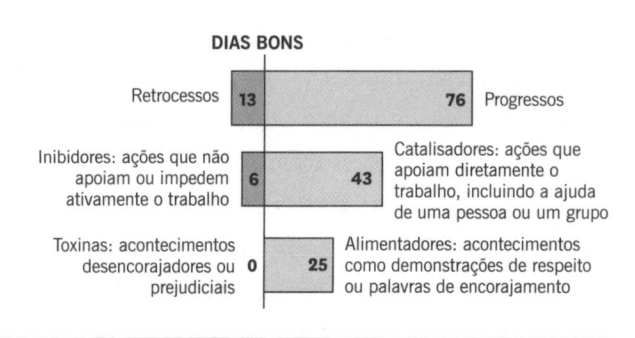

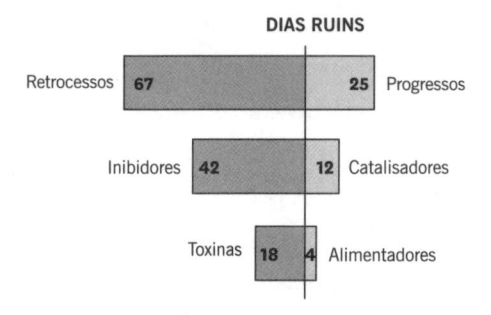

DIAS BONS

Retrocessos 13	76 Progressos
Inibidores: ações que não apoiam ou impedem ativamente o trabalho 6	43 Catalisadores: ações que apoiam diretamente o trabalho, incluindo a ajuda de uma pessoa ou um grupo
Toxinas: acontecimentos desencorajadores ou prejudiciais 0	25 Alimentadores: acontecimentos como demonstrações de respeito ou palavras de encorajamento

DIAS RUINS

Retrocessos 67	25 Progressos
Inibidores 42	12 Catalisadores
Toxinas 18	4 Alimentadores

mais solidárias e relatavam interações mais positivas entre as equipes e seus supervisores. Em várias dimensões, as percepções sofreram quando as pessoas regrediram. Elas achavam menos desafios positivos, sentiam que tinham menos liberdade para superá-los e relataram que contavam com recursos insuficientes. Nos dias de contratempos, os participantes acharam suas equipes e seus supervisores menos apoiadores.

Sem dúvida, nossas análises estabeleceram correlações, mas não provaram causalidade. Essas mudanças no aspecto interior da vida profissional foram o resultado de progressos e retrocessos, ou foi o efeito contrário? Os números sozinhos não responderam a isso. No entanto, sabemos, pela leitura de milhares de anotações dos diários, que percepções mais positivas, um sentimento de realização, satisfação, felicidade e até mesmo entusiasmo muitas vezes se seguiram ao progresso. Aqui está uma entrada típica depois de um progresso, escrita por um programador: "Solucionei aquele bug que estava me frustrando havia quase uma semana. Pode não ser importante para você, mas eu tenho uma vida bem monótona, então estou muito empolgado."

Da mesma forma, vimos que as percepções depreciativas, a frustração, a tristeza e até mesmo o desgosto muitas vezes seguiam retrocessos. Outro participante, um profissional de marketing, escreveu: "Passamos muito tempo atualizando a lista de redução de custos do projeto e, depois de computar todos os números, ainda estamos longe da nossa meta. É desanimador não conseguir acertar depois de todo o tempo gasto e tanto trabalho duro."

Quase certamente, a causalidade é uma via de mão dupla, e os gestores podem usar esse ciclo de feedback entre o progresso e o aspecto interior da vida profissional para apoiar a ambos.

Pequenas vitórias

Quando pensamos em progresso, muitas vezes imaginamos como é boa a sensação de alcançar um objetivo de longo prazo ou experimentar um grande avanço. Essas vitórias são ótimas, mas relativamente raras. A boa notícia é que mesmo pequenas vitórias podem impulsionar de maneira significativa o aspecto interior da vida profissional. Muitos dos progressos relatados pelos participantes da pesquisa representavam apenas pequenos passos adiante. No entanto, muitas vezes evocaram grandes reações positivas. Considere esta anotação da programadora de uma empresa de alta tecnologia que foi acompanhada por uma autoavaliação muito positiva de suas emoções, motivações e percepções naquele dia: "Descobri por que algo não estava funcionando direito. Me senti aliviada e feliz, foi uma pequena vitória para mim."

Mesmo o progresso normal e gradual pode aumentar o engajamento das pessoas no trabalho e sua felicidade durante o dia de expediente. Em todos os tipos de acontecimentos que nossos participantes relataram, uma proporção notável (28%) que tinha um pequeno impacto no projeto refletiu um grande impacto nos sentimentos das pessoas em relação a isso. Como o aspecto interior da vida profissional tem um efeito muito potente sobre a criatividade e a produtividade, e como avanços pequenos mas consistentes compartilhados por muitas pessoas podem se acumular em excelente execução, progressos que muitas vezes passam despercebidos são cruciais para o desempenho geral das organizações.

Infelizmente, existe o outro lado da moeda. Pequenas derrotas ou retrocessos podem ter um efeito bastante negativo no aspecto interior da vida profissional. De fato, nosso estudo e as pesquisas de outros cientistas mostram que acontecimentos negativos podem ter um impacto mais poderoso do que os positivos. Em consequência, é muito importante que os gestores minimizem as dificuldades diárias. (Veja outra vez o gráfico "O que acontece em dias bons e dias ruins?", na pág. 69.)

Progresso no trabalho significativo

Mostramos como é gratificante para os funcionários quando eles conseguem se aproximar de uma meta, mas lembre-se do que dissemos antes: o segredo para motivar o desempenho é apoiar o progresso no trabalho *significativo*. Fazer progressos estimula o aspecto interior da vida profissional, mas só se o trabalho for importante para você.

Pense no emprego mais chato que você já teve. Muitas pessoas citam seu primeiro emprego na adolescência – lavar panelas na cozinha de um restaurante, por exemplo, ou guardar casacos na chapelaria de um museu. Em funções como essas, o poder do progresso parece insignificante. Não importa quanto você trabalhe, sempre há mais panelas para lavar e casacos para entregar; apenas bater o cartão no fim do dia ou receber o salário no fim da semana ou do mês produzem uma sensação de realização.

Em trabalhos com muito mais desafios e espaço para criatividade, como os que nossos participantes da pesquisa tinham, simplesmente "progredir" – cumprir tarefas – não garantia a qualidade do aspecto interior da vida profissional. Você pode ter experimentado esse fato cruel em seu próprio trabalho, em alguns dias (ou em alguns projetos) em que se sentiu desmotivado, desvalorizado e frustrado, embora tenha trabalhado duro e realizado tarefas. A causa provável é a sua percepção das tarefas concluídas como periféricas ou irrelevantes. Para que o princípio do progresso funcione, o trabalho deve ser significativo para a pessoa que o faz.

Em 1983, Steve Jobs estava tentando convencer John Sculley a deixar uma carreira de sucesso na PepsiCo para se tornar o novo CEO da Apple. Jobs lhe perguntou: "Você quer passar o resto da vida vendendo água açucarada ou quer ter uma chance de mudar o mundo?" Ao fazer esse apelo, Jobs potencializou uma força psicológica poderosa: o profundo desejo humano de realizar um trabalho significativo.

Felizmente, para ser significativo, o trabalho não tem que envolver colocar os primeiros computadores pessoais nas mãos de pessoas comuns, diminuir a pobreza ou descobrir a cura do câncer. Trabalhos com menos importância para a sociedade podem ser relevantes se agregarem valor a algo ou a alguém com que o trabalhador se importa. O significado pode ser tão simples quanto fazer um produto útil e de alta qualidade para um cliente ou fornecer um serviço útil para uma comunidade. Pode ser apoiar um colega ou aumentar os lucros de uma organização reduzindo ineficiências em um processo de produção. Quer os objetivos sejam ambiciosos ou modestos, desde que sejam significativos para o trabalhador e esteja claro como seus esforços contribuem para eles, o progresso pode estimular o aspecto interior da vida profissional.

Em princípio, os gestores não precisam fazer um esforço extraordinário para incutir relevância ao trabalho de seus colaboradores. Nas organizações modernas, a maioria dos trabalhos é potencialmente significativa para as pessoas que os executam. No entanto, os gestores podem garantir que os funcionários saibam exatamente de que forma estão contribuindo. E, mais importante, podem evitar ações que neguem seu valor. (Veja o quadro "Como o trabalho perde seu significado", na página seguinte.) Todos os participantes de nossa pesquisa estavam realizando algo que deveria ser significativo; ninguém estava lavando panelas ou cuidando de casacos. De maneira surpreendente, no entanto, vimos um trabalho potencialmente importante e desafiador perder seu poder de inspirar.

Apoio ao progresso: catalisadores e alimentadores

O que os gestores devem fazer para garantir que as pessoas fiquem motivadas, comprometidas e felizes? Como apoiar o progresso diário de seus funcionários? Eles podem usar catalisadores e alimentadores.

COMO O TRABALHO PERDE SEU SIGNIFICADO

O registro nos diários de 238 trabalhadores do conhecimento que eram membros de equipes de projetos criativos revelou quatro maneiras principais pelas quais os gestores, de modo inconsciente, fazem o trabalho perder seu significado.

Os gestores podem desprezar a importância do trabalho ou das ideias dos funcionários. Considere o caso de Richard, um técnico de laboratório sênior de uma empresa de produtos químicos, que encontrou significado em ajudar sua equipe de desenvolvimento de novos produtos a resolver problemas técnicos complexos. No entanto, em um período de três semanas, Richard percebeu que seu líder ignorava suas sugestões e as de seus colegas durante as reuniões da equipe. Como resultado, ele sentiu que suas contribuições não eram significativas e seu ânimo foi abalado. Quando, por fim, voltou a acreditar que estava contribuindo de forma substancial para o sucesso do projeto, seu humor melhorou drasticamente: "Eu me senti muito melhor na reunião de hoje. Senti que minhas opiniões e informações eram importantes para o projeto e que fizemos alguns progressos."

(continua)

Eles podem destruir o senso de propriedade dos funcionários sobre o próprio trabalho. Transferências frequentes e abruptas em geral têm esse efeito. Isso aconteceu repetidas vezes com uma equipe de desenvolvimento de produtos em uma empresa gigante de bens de consumo, conforme descrito por Bruce, um dos membros: "Ao repassar alguns projetos, percebo que não gosto de abrir mão deles. Especialmente quando o acompanhei desde o início e estava quase chegando ao fim. É como se eu perdesse a propriedade dele. Isso acontece muitas vezes conosco."

Os gestores podem passar a mensagem de que o trabalho nunca será concluído. Eles podem sinalizar isso – não intencionalmente – invertendo suas prioridades ou mudando de ideia sobre o modo como algo deve ser feito. Vimos esse último caso em uma empresa de tecnologia da internet depois que Burt, o desenvolvedor de interface de usuário, passou semanas projetando transições perfeitas para usuários que não falam inglês. Não é de surpreender que o humor de Burt estivesse seriamente afetado no dia em que relatou o incidente: "Outras opções para as interfaces internacionais foram dadas para a equipe durante

(continua)

uma reunião, o que poderia tornar inútil o trabalho que estou fazendo."

Eles podem deixar de informar sobre mudanças inesperadas nas prioridades de um cliente. Muitas vezes, isso acontece quando há mau gerenciamento do cliente ou uma comunicação inadequada dentro da empresa. Por exemplo, Stuart, especialista em transformação de dados em uma empresa de TI, relatou profunda frustração e baixa motivação no dia em que soube que semanas de trabalho duro da equipe poderiam ter sido em vão: "Descobri que há uma forte possibilidade de que o projeto não vá para a frente por causa de uma mudança na agenda do cliente. Portanto, existe uma forte possibilidade de que todo o tempo e esforço colocados no projeto tenham sido um desperdício."

Catalisadores são ações que apoiam o trabalho. Incluem definir metas claras, conceder autonomia, fornecer recursos e tempo suficientes, ajudar com o trabalho, aprender abertamente com os problemas e os sucessos e permitir a livre troca de ideias. Seus opostos, inibidores, incluem não fornecer apoio e interferir ativamente no trabalho. Por conta de seu impacto no progresso, os catalisadores e inibidores afetam o aspecto interior da vida profissional. Mas também têm um impacto mais imediato: quando percebem que possuem objetivos claros e significativos, recursos suficientes, colegas prestativos e tudo mais, as pessoas sentem um reforço instantâneo em suas emoções, sua motivação para fazer um ótimo trabalho e suas percepções do trabalho e da organização.

Alimentadores são atos de apoio interpessoal, como respeito e reconhecimento, encorajamento, conforto emocional e oportunidades de integração. Toxinas, seus opostos, incluem desrespeito, desânimo, falta de consideração com as emoções e conflito interpessoal. Para o bem e para o mal, os alimentadores e as toxinas afetam o aspecto interior da vida profissional direta e imediatamente.

Catalisadores e alimentadores – e seus opostos – podem alterar a significância do trabalho ao mudar a percepção das pessoas sobre seus empregos e até sobre si mesmas. Por exemplo, quando um gestor garante que seus colaboradores tenham os recursos de que precisam, sinaliza para eles que o que estão fazendo é importante e valioso. Quando reconhecem as pessoas pelo trabalho que realizam, isso indica que elas são importantes para a organização. Dessa maneira, catalisadores e alimentadores podem dar um significado maior ao trabalho – e aumentar a eficácia do princípio do progresso.

As ações gerenciais que constituem catalisadores e alimentadores não são particularmente misteriosas; podem ser apenas questões básicas da gestão, se não senso comum e decência. Mas nosso estudo dos diários nos lembrou de quantas vezes elas são ignoradas ou esquecidas. Mesmo alguns dos gestores mais atenciosos nas empresas que estudamos não forneciam catalisadores e alimentadores com consistência. Por exemplo, um especialista em cadeia de suprimentos chamado Michael era, em muitos aspectos e na maioria dos dias, um excelente gerente de equipe. Mas de vez em quando ficava tão sobrecarregado que se tornava tóxico para seu pessoal. Quando um fornecedor não conseguia concluir uma encomenda urgente a tempo e a equipe de Michael tinha que recorrer ao transporte aéreo para cumprir o prazo do cliente, ele percebia que a margem de lucro na venda seria afetada. Irritado, atacava seus subordinados, diminuindo o trabalho consistente que tinham feito e desconsiderando sua própria frustração com o fornecedor. Em seu relato, ele admitiu isso: "Desde sexta-feira, gastamos 28 mil dólares em frete aéreo para enviar 1.500 pulverizadores a jato de 30 dólares para nosso segundo maior cliente. Restam outros 2.800 neste pedido, e há uma boa probabilidade de que também precisem de transporte aéreo. Deixei de ser o gentil gerente da cadeia de suprimentos para me tornar um carrasco. Toda civilidade se foi, estamos contra a parede, não é possível fugir, portanto só nos resta lutar."

Mesmo quando os gestores não se sentem pressionados, desenvolver estratégias de longo prazo e lançar novas iniciativas pode parecer mais importante – e talvez mais atraente – do que garantir que os colaboradores tenham o que precisam para progredir e se sentir apoiados como seres humanos. Mas, como vimos repetidamente em nossa pesquisa, até mesmo a melhor estratégia fracassará se os gestores ignorarem as pessoas que trabalham nas trincheiras para executá-la.

Um gestor exemplar – e uma ferramenta para imitá-lo

Poderíamos explicar os muitos (e em grande parte nada surpreendentes) movimentos que podem catalisar o progresso e alimentar o ânimo, mas pode ser mais útil dar o exemplo de um gestor que consistentemente usou esses movimentos – e então fornecer uma ferramenta simples que pode ajudar qualquer um a fazer o mesmo.

Nosso gestor exemplar é Graham, que observamos liderar uma pequena equipe de engenheiros químicos em uma empresa multinacional europeia que chamaremos de Kruger-Bern. A missão da equipe do projeto NewPoly era clara e significativa: desenvolver um polímero seguro e biodegradável para substituir produtos petroquímicos em cosméticos e, futuramente, em uma variedade de bens de consumo. Como em muitas grandes empresas, no entanto, o projeto estava aninhado em um cenário corporativo confuso e, às vezes, ameaçador, de mudança de prioridades da alta gerência, sinais conflitantes e esforços hesitantes. Os recursos eram desconfortavelmente escassos e a incerteza pairava sobre o futuro do projeto – e sobre a carreira de todos os membros da equipe. Pior ainda, um incidente no início do projeto, em que um cliente importante reagiu com irritação a uma amostra, deixou a equipe na corda bamba. No entanto, Graham conseguiu preservar o aspecto interior da vida profissional dos membros da equipe removendo repetida e visivelmente obstáculos, fornecendo apoio material ao progresso e dando suporte emocional à equipe.

A abordagem de gestão de Graham se destacou de quatro maneiras. Primeiro, ele estabeleceu um clima positivo, um acontecimento de cada vez, que estabelecia normas comportamentais para toda a equipe. Quando a reclamação do cliente interrompeu o projeto, por exemplo, ele imediatamente se envolveu com a equipe para analisar o problema, sem recriminações, e desenvolver um plano para recuperar o relacionamento. Ao fazer isso, criou um modelo de como reagir a crises no trabalho: não entrando em pânico ou apontando culpados, mas identificando problemas e suas causas e desenvolvendo um plano de ação coordenado. Essa é uma abordagem prática e uma ótima maneira de dar aos funcionários uma sensação de avanço, mesmo diante de erros e falhas inerentes a qualquer projeto complexo.

Em segundo lugar, Graham estava sintonizado com as atividades diárias e o progresso de sua equipe. De fato, o clima de não julgamento que ele havia estabelecido permitiu que isso acontecesse naturalmente. Os membros da equipe o atualizavam com frequência – sem que fossem solicitados – sobre seus contratempos, progressos e planos. Em determinado momento, um de seus colegas mais dedicados, Brady, teve que abortar o teste de um novo material porque não conseguia obter os parâmetros certos no equipamento. Foi uma má notícia, porque a equipe do NewPoly tinha acesso ao equipamento apenas um dia por semana, mas Brady logo informou a Graham. Em seu registro no diário, Brady observou: "Ele não gostou da semana perdida, mas pareceu entender." Essa compreensão assegurou o lugar de Graham no fluxo de informações que lhe permitiria dar ao seu pessoal exatamente o que precisava para progredir.

Em terceiro lugar, Graham direcionava seu apoio de acordo com os acontecimentos recentes da equipe e do projeto. Todos os dias, ele podia prever que tipo de intervenção – um catalisador ou a remoção de um inibidor; um alimentador ou algum antídoto para uma toxina – teria o maior impacto no progresso e no aspecto interior da vida profissional dos membros da equipe. E se ele não conseguisse fazer esse julgamento, perguntava. Na maioria dos dias, não era difícil saber, como quando ele recebeu notícias animadoras sobre o compromisso de seus chefes com o projeto. Ele sabia que a equipe estava receosa com os rumores de uma reestruturação na empresa e poderia se beneficiar desse incentivo. Embora o esclarecimento tenha ocorrido durante um dia de folga bem merecido, ele imediatamente ligou para a equipe para transmitir as boas-novas.

Por fim, Graham se estabeleceu como um recurso para os membros da equipe, em vez de um microgerenciador; ele se certificava de fazer o acompanhamento sem nunca parecer estar *controlando seus funcionários*. De modo superficial, acompanhar e controlar parecem coisas bastante semelhantes, mas os microgerenciadores cometem quatro tipos de erros. Primeiro, eles não dão autonomia para a realização do trabalho. Ao contrário de Graham, que deu à equipe do NewPoly um objetivo estratégico claro mas respeitou as ideias dos funcionários sobre como atingi-lo, os microgerenciadores ditam cada movimento. Em segundo lugar, eles frequentemente perguntam aos subordinados sobre seu trabalho sem fornecer qualquer ajuda real. Em contraste, quando um dos membros da equipe de Graham relatava problemas, ele o ajudava a analisá-los – permanecendo aberto a interpretações alternativas – e muitas vezes acabava ajudando a colocar as coisas de volta nos trilhos.

Em terceiro lugar, os microgerenciadores são rápidos em atribuir culpa pessoal quando surgem problemas, levando os membros da equipe a esconder os contratempos em vez de discutir com honestidade como superá-los, como Graham fez com Brady. E quarto, os microgerenciadores tendem a guardar informações para usar como uma arma secreta. Poucos percebem como isso é prejudicial para o aspecto interior da vida profissional. Quando os funcionários percebem que um gestor retém informações potencialmente úteis, eles se sentem infantilizados, sua motivação diminui e seu trabalho é prejudicado. Graham era rápido em comunicar as perspectivas da alta gerência em relação ao projeto, as opiniões e as necessidades dos clientes e possíveis fontes de assistência ou resistência dentro e fora da organização.

De todas essas maneiras, Graham sustentava as emoções positivas de sua equipe, a motivação intrínseca e as percepções favoráveis. Suas ações servem como um poderoso exemplo de como os gestores de qualquer nível podem agir todos os dias a partir da determinação de promover o progresso.

Sabemos que muitos gestores, embora bem-intencionados, acharão difícil estabelecer os hábitos que pareciam ser tão naturais a Graham. Conscientização, claro, é o primeiro passo. No entanto, transformar em rotina a conscientização da importância do aspecto interno da vida profissional exige disciplina. Com isso em mente, desenvolvemos um checklist para os gerentes consultarem todos os dias (veja o quadro "Checklist do progresso diário", na pág. 92). O objetivo desse checklist é fazer uma gestão voltada para o progresso significativo, um dia de cada vez.

O ciclo de progresso

O aspecto interior da vida profissional impulsiona o desempenho; por sua vez, o bom desempenho, que depende de um progresso consistente, enriquece o aspecto interior da vida profissional. Chamamos isso de "ciclo de progresso", que revela o potencial para benefícios autorreforçadores.

Assim, a implicação mais importante do princípio do progresso é: ao apoiarem as pessoas e seu progresso diário em trabalhos significativos, os gestores melhoram não apenas o aspecto interior da vida profissional de seus funcionários, mas também o desempenho de longo prazo da organização, o que aprimora ainda mais o aspecto interior da vida profissional. É claro que há um lado sombrio – a possibilidade de ciclos de feedback negativo. Se os gestores fracassam em apoiar o progresso e as pessoas que tentam progredir, o aspecto interior da vida profissional sofre, e o desempenho também; e o desempenho comprometido prejudica ainda mais o aspecto interior da vida profissional.

Uma segunda implicação do princípio do progresso é que os gestores não precisam se preocupar em tentar ler a psique de seus funcionários ou manipular esquemas complicados de incentivo para garantir que eles fiquem motivados e felizes. Desde que demonstrem respeito e consideração básicos, podem se concentrar em apoiar o trabalho em si.

Para se tornar um gestor eficaz, você deve aprender a colocar o ciclo de feedback positivo em movimento. Isso pode exigir uma mudança significativa. Faculdades de administração, livros de negócios e os próprios gestores costumam se concentrar em gerenciar organizações ou pessoas. Mas, se você se concentrar no gerenciamento do progresso, a gestão de pessoas – e até de organizações inteiras – se tornará muito mais viável. Você não precisará descobrir como radiografar o aspecto interior da vida profissional dos funcionários; se facilitar seu progresso constante em trabalhos significativos, fizer com que esse progresso seja evidente para eles e tratá-los bem, os membros da equipe experimentarão as emoções, motivações e percepções necessárias para um ótimo desempenho. O trabalho de alto nível realizado por eles contribuirá para o sucesso da organização. E aqui está a beleza disso: eles vão amar o trabalho.

TERESA M. AMABILE é professora de administração de empresas na Harvard Business School e autora de *Creativity in Context*.

STEVEN J. KRAMER é pesquisador independente, escritor e consultor. É coautor dos artigos "Creativity under the Gun" (*HBR*, agosto de 2002) e "Inner Work Life" (*HBR*, maio de 2007).

Amabile e Kramer são coautores de *O princípio do progresso – Como usar pequenas vitórias para estimular satisfação, empenho e criatividade no trabalho* (Rocco).

Publicado originalmente em maio de 2011.

CHECKLIST DO PROGRESSO DIÁRIO

Ao final de cada dia de trabalho, preencha este checklist para revisar o dia e planejar suas ações gerenciais para o dia seguinte. Depois de um tempo, você conseguirá identificar os tópicos apenas correndo os olhos pelas palavras em negrito.

Primeiro, concentre-se nos progressos e nos retrocessos e pense em acontecimentos específicos (catalisadores, alimentadores, inibidores e toxinas) que contribuíram para eles. Em seguida, considere quaisquer pistas claras sobre o aspecto interior da vida profissional e quais informações adicionais elas fornecem sobre o progresso e outros acontecimentos. Por fim, priorize a ação.

O plano de ação para o dia seguinte é a parte mais importante da sua revisão diária: o que você pode fazer para facilitar ainda mais o progresso?

Progresso

Escolha um ou dois acontecimentos de hoje que indicaram uma pequena vitória ou um possível avanço. (Descreva-os resumidamente.)

_____

_____

(continua)

Catalisadores

- [ ] A equipe tinha **metas** claras de curto e longo prazo para um trabalho significativo?
- [ ] Os membros da equipe tiveram **autonomia** suficiente para resolver problemas e apropriar-se do projeto?
- [ ] Eles tinham todos os **recursos** de que precisavam para avançar de forma eficiente?
- [ ] Eles tiveram **tempo** suficiente para se concentrar em trabalhos significativos?
- [ ] Discuti as **lições** dos sucessos e problemas de hoje com minha equipe?
- [ ] Dei ou pedi **ajuda** quando eles precisaram ou solicitaram? Incentivei os membros da equipe a se ajudarem?
- [ ] Ajudei as **ideias** a fluírem livremente dentro da equipe?

Alimentadores

- [ ] Mostrei **respeito** pelos membros da equipe, reconhecendo suas contribuições para o progresso, ouvindo suas ideias e tratando-os como profissionais confiáveis?

(continua)

- [ ] **Incentivei** os membros da equipe que enfrentaram desafios difíceis?
- [ ] **Apoiei** os membros da equipe que tiveram um problema pessoal ou profissional?
- [ ] Há uma sensação de **integração** pessoal e profissional e camaradagem dentro da equipe?

Retrocessos

Escolha um ou dois acontecimentos de hoje que indicaram um pequeno contratempo ou uma possível crise. (Descreva-os resumidamente.)

_____
_____
_____

Inibidores

- [ ] Houve alguma confusão sobre **metas** de longo ou curto prazo para um trabalho significativo?
- [ ] Os membros da equipe estavam excessivamente **limitados** em sua capacidade de resolver problemas e se apropriar do projeto?

(continua)

- ☐ Eles sentiram falta de algum dos **recursos** necessários para avançar efetivamente?
- ☐ Eles tiveram **tempo** insuficiente para se concentrar no trabalho significativo?
- ☐ Eu ou outras pessoas falhamos em fornecer a **ajuda** necessária ou solicitada?
- ☐ Eu puni o fracasso ou negligenciei extrair **lições** e/ou oportunidades dos problemas e dos sucessos?
- ☐ Eu ou outras pessoas interrompemos prematuramente a apresentação ou o debate de **ideias**?

Toxinas

- ☐ **Desrespeitei** algum membro da equipe ao não reconhecer suas contribuições para o progresso, não dar atenção às suas ideias ou não os tratar como profissionais confiáveis?
- ☐ **Desencorajei** um membro da equipe de alguma forma?
- ☐ **Negligenciei** um membro da equipe que tinha um problema pessoal ou profissional?
- ☐ Existe tensão ou **antagonismo** entre os membros da equipe ou entre mim e eles?

(continua)

Aspecto interior da vida profissional

- Vi alguma indicação da qualidade do aspecto interior da vida profissional dos meus colaboradores hoje? _____
  _____
  _____

- Percepções do trabalho, da equipe, da gerência, da empresa _____
  _____
  _____

- Emoções _____
  _____
  _____

- Motivação _____
  _____
  _____

- Que acontecimentos específicos podem ter afetado o aspecto interior da vida profissional hoje? _____
  _____
  _____

(continua)

Plano de ação

- O que posso fazer amanhã para fortalecer os catalisadores e alimentadores identificados e fornecer os que estão faltando? _____
_____
_____
_____

- O que posso fazer amanhã para começar a eliminar as toxinas e os inibidores identificados? _____
_____
_____
_____
_____

5

Como gerar um desempenho sustentável

Construa uma força de trabalho próspera

Gretchen Spreitzer e Christine Porath

Quando a economia vai muito mal e temos a sorte de ter um emprego – ainda mais um que seja financeira e intelectualmente recompensador –, preocupar-se se seus funcionários estão ou não felizes pode parecer pedir demais. Mas em nossa pesquisa sobre o que ajuda a compor uma força de trabalho de alto desempenho consistente, descobrimos bons motivos para se preocupar com isso: a longo prazo, os funcionários felizes produzem mais do que os infelizes. Eles faltam menos, são menos propensos a pedir demissão, fazem mais do que apenas cumprir suas obrigações e atraem pessoas igualmente comprometidas com o trabalho. Além disso, não são velocistas; eles são mais como corredores de maratona, que pensam no longo prazo.

Então, o que significa ser feliz no trabalho? Não se trata de *contentamento*, o que implica um grau de complacência. Quando nós e nossos parceiros de pesquisa do Centro para Organizações Positivas da Ross School of Business começamos a analisar os fatores envolvidos no desempenho individual e organizacional sustentável, encontramos uma palavra melhor: *prosperar*. Pensamos em uma força de trabalho próspera como aquela em que os funcionários não são apenas satisfeitos e produtivos, mas também comprometidos com o futuro – da empresa e deles próprios. Os funcionários que prosperam têm uma vantagem: são altamente energizados mas sabem como evitar o esgotamento (*burnout*).

Em diversos setores e tipos de trabalho, descobrimos que as pessoas que se encaixavam em nossa descrição de prosperidade demonstravam um desempenho geral 16% melhor (conforme relatado por seus gestores) e 125% menos esgotamento (segundo autorrelatos) do que seus colegas. Elas eram 32% mais comprometidas com a organização e 46% mais satisfeitas com seus empregos. Também faltavam muito menos ao trabalho e relatavam um número consideravelmente menor de consultas médicas, o que implicava economia no plano de saúde e menos tempo perdido para a empresa.

Identificamos dois componentes dessa prosperidade. O primeiro é a *vitalidade*: a sensação de estar vivo, a paixão e a animação. Os funcionários que têm vitalidade despertam a energia em si mesmos e nos outros. As empresas que geram vitalidade dão aos funcionários a sensação de que o que eles realizam todos os dias faz diferença.

O segundo componente é o *aprendizado*: o crescimento resultante da aquisição de novos conhecimentos e habilidades. O aprendizado pode conferir vantagem técnica e status de especialista. Também pode colocar em movimento um círculo virtuoso: as pessoas que estão desenvolvendo suas habilidades provavelmente acreditarão que podem crescer ainda mais.

As duas qualidades funcionam em conjunto; é improvável que uma seja sustentável sem a outra e essa falta pode até prejudicar o desempenho. O aprendizado, por exemplo, cria um impulso por um tempo, mas sem paixão pode levar ao esgotamento. O que vou fazer com o que aprendi? Por que eu deveria ficar nesse trabalho? A vitalidade sozinha – mesmo quando você adora os elogios que recebe ao apresentar resultados – pode ser desestimulante: quando o trabalho não oferece oportunidades de aprendizado, se torna repetitivo.

A combinação de vitalidade e aprendizado gera funcionários que entregam resultados e encontram formas de crescer. Seu trabalho é gratificante não apenas porque eles fazem o que se espera deles hoje, mas também porque têm a noção de para onde eles e a empresa estão indo. Em suma, estão prosperando e a energia que criam é contagiante. (Veja o quadro "Sobre a pesquisa", na página seguinte.)

Como as organizações podem ajudar os funcionários a prosperar

Alguns profissionais prosperam sem importar o contexto. Eles naturalmente desenvolvem vitalidade e aprendizado em seus empregos, e inspiram aqueles a seu redor. Um bom gestor de recrutamento procura essas pessoas. Mas a maioria dos funcionários é influenciada pelo ambiente.

SOBRE A PESQUISA

Nos últimos sete anos, pesquisamos a natureza da prosperidade no local de trabalho e os fatores que a incentivam ou inibem.

Em vários estudos com nossos colegas Cristina Gibson e Flannery Garnett, entrevistamos mais de 1.200 funcionários, de operários a executivos, em uma variedade de setores, incluindo educação superior, saúde, serviços financeiros e marítimos, energia e manufatura. Também analisamos métricas que refletem a energia, o aprendizado e o crescimento, com base em informações fornecidas por funcionários e gestores, juntamente com rotatividade, saúde, desempenho geral no trabalho e cidadania organizacional.

Desenvolvemos uma definição de prosperidade que divide o conceito em dois fatores: *vitalidade* – a sensação de que você está energizado e vivo – e *aprendizado* – o ganho de conhecimentos e habilidades.

Quando os dois fatores se somam, as estatísticas são impressionantes. Por exemplo, as pessoas que tinham alta energia e alto aprendizado eram 21% mais eficazes como líderes do que as que tinham apenas alta energia. Os resultados de uma medida em particular – a saúde

(continua)

– foram ainda mais extremos. Aqueles que tinham alta energia e baixo aprendizado tiveram resultados 54% piores no quesito saúde do que os que tinham os dois fatores elevados.

Mesmo aqueles predispostos a florescer podem murchar sob pressão.

A boa notícia é que, sem medidas heroicas ou grandes investimentos financeiros, líderes e gestores podem incentivar uma cultura que estimule os funcionários a prosperar. Ou seja, os gestores podem superar a inércia organizacional para promover a prosperidade e a produtividade resultante – em muitos casos, com uma mudança relativamente modesta na atenção.

No plano ideal, você seria abençoado com uma força de trabalho repleta de pessoas que prosperam naturalmente. Mas há muita coisa que você pode fazer para despertar e manter o entusiasmo. Nossa pesquisa descobriu quatro mecanismos que criam as condições para os funcionários que prosperam: dar liberdade na tomada de decisões, compartilhar informações, diminuir a incivilidade e dar feedback sobre o desempenho. Os mecanismos se sobrepõem um pouco. Por exemplo, se você deixar as pessoas tomarem decisões mas fornecer informações incompletas ou deixá-las expostas a reações hostis, elas sofrerão mais do que prosperarão. Um mecanismo sozinho o ajudará a percorrer parte do caminho, mas os quatro juntos são necessários para criar uma cultura de prosperidade. Vamos dar uma olhada em cada um deles.

Dar liberdade na tomada de decisões

Os funcionários de todos os níveis são energizados pela capacidade de tomar decisões que afetam seu trabalho. Dar a eles esse poder os faz ter mais senso de controle, mais voz a respeito de como as coisas são feitas e mais oportunidades de aprendizado.

O setor de aviação pode parecer um lugar improvável para encontrar essa liberdade (uma força de trabalho próspera, então, nem se fala), mas considere uma empresa que estudamos, a Alaska

Airlines, que criou uma cultura de empoderamento que contribuiu para uma grande virada na última década. No início dos anos 2000, os números da companhia aérea despencavam, de modo que a gerência sênior lançou o Plano 2010, que explicitamente convidava os funcionários a contribuírem com as decisões que melhorariam o serviço, ao mesmo tempo que ajudavam a manter a reputação de pontualidade. Eles foram convidados a deixar de lado suas percepções atuais de "bons" serviços e a considerar novas maneiras de contribuir, apresentando ideias que poderiam elevar o serviço do nível bom ao verdadeiramente ótimo. Os agentes de aeroporto abraçaram o programa, que lhes dava, por exemplo, a liberdade para encontrar soluções para clientes que tinham perdido o voo ou sido deixados para trás por qualquer outro motivo.

Ron Calvin, diretor para a região leste, contou sobre a ligação de um cliente que não via e com quem não falava desde que trabalhara no aeroporto de Seattle, cinco anos antes. O cliente tinha um neto de 3 meses que acabara de sofrer uma parada cardíaca. Os avós estavam tentando voltar de Honolulu para Seattle. Ron deu alguns telefonemas e os colocou num voo imediatamente. Naquele dia, o avô enviou a Ron uma mensagem de texto dizendo apenas: "Conseguimos."

Esforços como esse, que atendem a necessidades individuais sem atrasar os voos, levaram a empresa ao topo do ranking quanto à pontualidade e lhe renderam um armário cheio de troféus. A companhia aérea também se expandiu consideravelmente para novos mercados, incluindo o Havaí, o Meio-Oeste e a Costa Leste.

A Southwest tem uma história mais conhecida, sobretudo por causa da reputação da empresa de ter uma cultura divertida e solidária. Os comissários de bordo estão sempre dispostos a cantar, brincar, enfim, entreter os clientes. Eles também irradiam energia e paixão pelo aprendizado. Um deles decidiu passar as instruções de segurança de voo em forma de rap. Ele estava motivado a colocar seus talentos especiais no trabalho, e os passageiros adoraram, relatando que foi a primeira vez que realmente prestaram atenção nas instruções.

No Facebook, a liberdade na tomada de decisões é fundamental para a cultura. Um programador postou um comentário no site expressando sua

surpresa e prazer com o lema da empresa ("Mova-
-se rapidamente e quebre as coisas"), que incentiva
os funcionários a tomar decisões e a agir. Em seu
segundo dia de trabalho, ele encontrou uma solução para um bug complicado. O programador esperava algum tipo de revisão hierárquica, mas seu chefe, o vice-presidente de produto, apenas sorriu e disse: "Envie a solução." Ele ficou impressionado que tivesse, em tão pouco tempo, fornecido uma solução que instantaneamente alcançaria milhões de pessoas.

O desafio para os gestores é evitar o corte no empoderamento quando as pessoas cometem erros. Essas situações criam as melhores condições para o aprendizado – não apenas para as partes envolvidas, mas também para outras, que podem aprender indiretamente.

Compartilhar informações

Realizar seu trabalho em um vácuo de informação é tedioso e nada inspirador; não há motivo para procurar soluções inovadoras se você não consegue ver o impacto em um contexto mais amplo. As pessoas podem contribuir de maneira mais eficaz quando entendem como seu trabalho se encaixa na missão e na estratégia da empresa.

A Alaska Airlines escolheu investir tempo de gerenciamento em ajudar seu pessoal a obter uma visão ampla da estratégia da companhia. O Plano 2010 foi lançado depois de meses de apresentações e treinamentos desenvolvidos para estimular os funcionários a compartilharem suas ideias. O CEO, o presidente e o chefe de operações ainda viajam a cada três meses para coletar informações sobre as idiossincrasias de vários mercados; e então eles disseminam o que aprenderam. Os benefícios aparecem nos índices anuais do orgulho que os funcionários sentem da empresa – agora acima de 90%.

Na Zingerman's (uma comunidade de negócios ligada à alimentação em Ann Arbor, no Michigan), a informação é o mais transparente possível. A organização nunca escondeu conscientemente seus números – as informações financeiras estão disponíveis para os funcionários –, mas quando os cofundadores Ari Weinzweig e Paul Saginaw estudaram a gestão transparente, em meados da década de 1990, passaram a acreditar que os funcionários mostrariam mais interesse caso se envolvessem no "jogo".

Implementar uma política de gestão transparente mais formal e significativa não foi fácil. As pessoas podiam ver os números, mas não prestavam atenção neles direito e não conseguiam entender muito bem como os dados se relacionavam com seu trabalho diário. Durante os primeiros cinco ou seis anos, a empresa lutou para construir o conceito em seus sistemas e rotinas e envolver a mente de seu pessoal em reuniões semanais. Em torno de um quadro branco, no qual as equipes rastreavam resultados, "mantinham a pontuação" e previam os números da semana seguinte. Embora entendessem as regras da gestão transparente, no início os funcionários não viam sentido em adicionar mais uma reunião às suas agendas lotadas. Só quando os líderes seniores tornaram compulsória a participação, eles compreenderam o verdadeiro propósito dos quadros brancos, que mostravam não apenas números financeiros, mas também métricas da qualidade do serviço e dos alimentos, verificava as médias, os valores de satisfação interna e de "diversão", o que podia significar qualquer coisa, desde concursos semanais e avaliações de satisfação do cliente até ideias de inovação dos funcionários.

Algumas empresas da Zingerman's começaram a instituir "minijogos": incentivos de curto prazo para encontrar um problema ou explorar uma oportunidade. Por exemplo, a equipe do restaurante Roadhouse usou o jogo de boas-vindas para acompanhar quanto tempo levava para os clientes serem recebidos. Clientes "não cumprimentados" expressavam menos satisfação e, com frequência, os funcionários se viam oferecendo coisas de graça para compensar lapsos no atendimento. O jogo de boas-vindas desafiou a equipe de recepção a cumprimentar todos os clientes em no máximo cinco minutos após eles serem acomodados, com uma modesta recompensa financeira por 50 dias consecutivos de sucesso. Isso inspirou os recepcionistas a encontrarem e cobrirem depressa os furos no atendimento. As pontuações de serviço melhoraram consideravelmente ao longo de um mês.

Outras empresas da Zingerman's começaram a fazer jogos semelhantes, com incentivos para uma entrega mais rápida, menos ferimentos com faca na padaria (o que reduziria os custos do seguro) e cozinhas mais organizadas.

Os jogos naturalmente criaram algumas tensões internas ao transmitir as más notícias junto com as boas, o que pode ser desmoralizante. Mas, em geral, aumentaram muito o senso de propriedade dos funcionários da linha de frente, contribuindo para um desempenho melhor. De 2000 a 2010, a receita da Zingerman's cresceu quase 300%, chegando a mais de 35 milhões de dólares. Seus líderes consideram que a gestão transparente foi um fator-chave para esse sucesso.

Histórias simples corroboram sua percepção. Há alguns anos, vimos Ari Weinzweig dar uma palestra no Roadhouse. Um convidado perguntou-lhe se era realista esperar que o garçom ou o ajudante de garçom compreendessem a estratégia e as finanças da empresa. Em resposta, Ari voltou-se para um ajudante de garçom, que não tinha ouvido a conversa. Perguntou se o adolescente se importaria de compartilhar a visão da Zingerman's e dizer quão bem o restaurante estava cumprindo suas metas semanais. Sem pestanejar, o rapaz declarou a visão com suas próprias palavras e depois descreveu como o restaurante estava se saindo naquela semana com relação a "refeições enviadas de volta para a cozinha".

Embora a Zingerman's seja uma organização relativamente pequena, outras muito maiores – como a Whole Foods e a empresa de transporte YRC Worldwide – também adotaram a gestão transparente. Sistemas que disponibilizam todas as informações criam confiança e dão aos funcionários o conhecimento necessário para tomar boas decisões e iniciativas.

Diminuir a incivilidade

Os custos da incivilidade e da descortesia são enormes. Em nossa pesquisa com Christine Pearson, professora da Escola Thunderbird de Gestão Global, da Universidade Estadual do Arizona, descobrimos que metade dos funcionários que haviam experimentado um comportamento descortês no trabalho reduziu seus esforços de modo intencional. Mais de um terço diminuiu deliberadamente a qualidade de seu trabalho. Dois terços perderam muito tempo evitando o agressor e aproximadamente a mesma fração disse que seu desempenho havia caído.

Todo mundo já sofreu com um comportamento grosseiro no trabalho. Aqui estão algumas citações de nossa pesquisa:

"Meu chefe pediu que eu preparasse uma análise. Aquele era meu primeiro projeto e não tinha recebido instruções ou exemplos. Ele me disse que a tarefa estava uma porcaria."

"Meu gestor disse: 'Se eu quisesse saber o que você acha, teria lhe perguntado.'"

"Minha chefe me viu tirar um clipe de papel de alguns documentos e jogá-lo na lixeira. Na frente dos meus 12 subordinados, ela me repreendeu dizendo que aquilo era um desperdício e me obrigou a pegá-lo de volta."

"No viva-voz, na frente dos colegas, meu superior disse que eu tinha feito um 'trabalho de jardim de infância.'"

Ouvimos centenas de histórias e elas são tristemente familiares para a maioria das pessoas que trabalham em empresas. Só que não ouvimos falar muito sobre os custos disso.

A incivilidade impede que as pessoas prosperem. Aqueles que foram alvo de mau comportamento muitas vezes seguem o mau exemplo e acabam sabotando seus pares. Eles se "esquecem" de copiar colegas em memorandos. Espalham fofocas para desviar a atenção. Diante da incivilidade, os funcionários provavelmente restringirão seu foco para evitar riscos – e, ao fazerem isso, perderão oportunidades de aprender.

Estudamos uma consultoria de gestão, a Caiman Consulting, que foi fundada como uma alternativa às grandes empresas. Sediada em Redmond, no estado de Washington, a organização é reconhecida por sua cultura cortês. As verificações de antecedentes em seu processo seletivo incluem o registro de civilidade de um candidato.

"As pessoas deixam rastros", afirma Greg Long, o diretor da Caiman. "Você pode se salvar de uma cultura corrosiva sendo cuidadoso e consciencioso desde o início." O diretor-geral, Raazi Imam, disse:

"Não tenho nenhuma tolerância com quem repreende ou desrespeita outra pessoa." Quando isso acontece, ele fala com o agressor em particular para deixar bem clara sua política. Long atribui a taxa de retenção de 95% da empresa a essa cultura.

Caiman desiste de candidatos altamente qualificados que não combinam com a cultura da empresa. Também mantém uma lista de consultores que podem ser boas contratações quando surgir a oportunidade. A diretora de RH, Meg Clara, coloca fortes habilidades interpessoais e inteligência emocional entre seus principais critérios para os candidatos.

Na Caiman, como em todas as empresas, os gestores estabelecem o tom com relação ao trato com os outros. Um único funcionário ruim pode distorcer a cultura organizacional. Um jovem gerente contou sobre sua chefe, uma executiva que tinha o hábito de gritar do escritório "Você cometeu um erro!" por qualquer coisa tão pequena quanto um erro de digitação. Sua voz ressoava pelo andar, fazendo todo mundo se encolher e a pessoa a quem a bronca se dirigia se sentir extremamente envergonhada. Depois, os colegas se reuniam na copa para tomar café e se solidarizar. Um funcionário comentou que essas conversas não se concentravam em como progredir na empresa ou aprender a lidar com isso criando uma casca grossa, mas em como se vingar e pedir as contas.

Em nossa pesquisa, ficamos surpresos com quão poucas empresas consideram a civilidade – ou a incivilidade – ao avaliar candidatos. A cultura corporativa é inerentemente contagiosa; os funcionários se integram ao ambiente. Em outras palavras, se você contrata pela civilidade, é mais provável que crie isso em sua cultura. (Veja o quadro "Estratégias individuais para prosperar", na página seguinte.)

Dar feedback sobre o desempenho

O feedback cria oportunidades de aprendizado e a energia tão essencial para uma cultura de prosperidade. Ao sanar sentimentos de incerteza, o feedback mantém as atividades profissionais concentradas em metas pessoais e organizacionais. Quanto mais rápido e direto o feedback, mais útil ele é.

ESTRATÉGIAS INDIVIDUAIS PARA PROSPERAR

Embora as organizações se beneficiem de ajudar os funcionários a prosperarem, os líderes têm tantas coisas para fazer que essa importante tarefa pode ficar em segundo plano. No entanto, qualquer um pode adotar estratégias para melhorar o aprendizado e a vitalidade sem um apoio significativo da empresa. E como a prosperidade pode ser contagiosa, você vai ver suas ideias se espalhando rapidamente.

Faça um intervalo

Pesquisas de Jim Loehr e Tony Schwartz mostraram que os intervalos e outras táticas de renovação, por menores que sejam, podem gerar energia positiva.

Em nossas aulas, permitimos que os alunos projetem pausas e atividades regulares na aula para garantir que se mantenham energizados. Em um período, os alunos decidiram que, quando a aula chegasse à metade, parariam por dois minutos para se levantar e fazer algo ativo. A cada semana, um quarteto diferente planejava a atividade rápida – assistir a um vídeo divertido no YouTube, dançar ou jogar. O importante é que os estudantes

(continua)

descubram o que é energizante para eles e compartilhem isso com a turma.

Mesmo que sua organização não ofereça mecanismos formais de renovação, é quase sempre possível programar uma curta caminhada, um passeio de bicicleta ou um lanche rápido no parque. Algumas pessoas anotam isso em suas agendas, para que não ocorram sobreposições com outros compromissos.

Torne seu trabalho mais significativo

Você não pode ignorar os requisitos do seu trabalho, mas pode ficar atento a oportunidades de torná-lo mais significativo. Veja o exemplo de Tina, gerente de equipe de um *think tank* (laboratório de ideias) sobre política dentro de uma grande organização. Quando seu chefe tirou um período sabático de seis meses, Tina precisou encontrar um projeto de substituição de curto prazo. Depois de algumas pesquisas, ela descobriu uma iniciativa para desenvolver a habilidade dos funcionários de falar sobre suas ideias a respeito da organização. A iniciativa precisava de um espírito inovador para ser implementada, mas a natureza do

(continua)

trabalho energizava Tina. Quando seu chefe retornou, ela renegociou os termos de seu trabalho no *think tank* para dedicar apenas 80% do seu tempo, deixando o restante para o projeto de desenvolvimento da equipe.

Procure oportunidades para inovar e aprender

Romper com o status quo pode desencadear o aprendizado tão essencial para prosperar. Quando se tornou diretor de uma escola de ensino médio de prestígio no Meio-Oeste, Roger estava cheio de ideias inovadoras. No entanto, logo percebeu que alguns membros da equipe não estavam abertos a novas formas de fazer as coisas. Ele fez questão de ouvir suas preocupações e tentou apaziguá-las, mas investiu mais do seu esforço no crescimento e no aprendizado daqueles que compartilhavam sua paixão por inovação. Ao orientá-los e incentivá-los, Roger começou a conquistar pequenas vitórias e suas iniciativas ganharam impulso. Alguns dos resistentes acabaram deixando a escola, e outros cederam quando viram sinais de mudança positiva. Ao se concentrar nos pontos de apoio, e não nos pontos de resistência, Roger foi capaz de lançar

(continua)

um esforço que impele a escola para um futuro radicalmente diferente.

Invista em relacionamentos que energizam você

Todos nós temos colegas brilhantes, mas com quem é difícil e corrosivo trabalhar. Indivíduos que prosperam buscam oportunidades de colaborar com colegas que geram energia e minimizam a interação com aqueles que a esgotam. Na verdade, quando construímos a equipe de pesquisa para estudar a prosperidade, escolhemos colegas que admirávamos, que nos energizavam, com quem gostávamos de passar o tempo e com quem sabíamos que poderíamos aprender. Procuramos construir bons relacionamentos iniciando cada reunião com boas notícias ou expressões de gratidão.

Reconheça que a prosperidade pode transbordar para fora do escritório

Há evidências de que altos níveis de comprometimento no trabalho não diminuirão sua capacidade de prosperar em sua vida pessoal, mas que, em vez disso, poderão

(continua)

aprimorá-la. Quando uma de nós (Gretchen) estava lidando com um complicado problema de saúde do marido, ela descobriu que seu trabalho, mesmo sendo exigente, lhe dava energia para prosperar profissionalmente e em sua vida familiar. Prosperar não é um jogo de soma zero (um precisa perder para que outro ganhe). Pessoas que se sentem energizadas no trabalho muitas vezes trazem essa energia para suas vidas além do trabalho. E as pessoas inspiradas por atividades externas – como voluntariado, treino para uma corrida ou algum curso – podem trazer sua energia de volta para o escritório.

A reunião da Zingerman's, descrita anteriormente, é uma ferramenta para compartilhar informações quase em tempo real sobre desempenho individual e da empresa. Os líderes traçam os altos e baixos diários no quadro branco, e espera-se que os funcionários "se apropriem" dos números e apresentem ideias para voltar aos trilhos quando necessário. As reuniões também incluem "alertas vermelhos" e "sinais verdes", que documentam reclamações e elogios dos clientes para que todos os funcionários possam aprender e crescer com base em um feedback imediato e concreto.

A Quicken Loans, uma empresa de financiamento de hipotecas que mede e recompensa o desempenho de funcionários como nenhuma outra, oferece feedback de desempenho continuamente atualizado, usando dois tipos de painéis: um relatório de cotações e um relatório *kanban*. (O *kanban*, palavra japonesa que significa "sinal", com frequência é usado em fluxos de produção.)

O relatório de cotações tem vários painéis que exibem métricas individuais e de grupo, junto com atualizações de dados que mostram a probabilidade de um funcionário atingir suas metas diárias. As pessoas são programadas para responder a pontuações e metas, de modo que isso ajuda a mantê-las energizadas durante o dia; em suma, elas competem contra seus próprios números.

O relatório *kanban* permite que os gerentes acompanhem o desempenho das pessoas para que saibam quando um funcionário ou uma equipe precisa de algum treinamento ou outro tipo de assistência. Uma versão do gráfico *kanban* também é exibida em monitores, com uma lista rotativa dos

15 melhores vendedores para cada métrica. Os funcionários competem constantemente para aparecer nas listas, que são quase como a classificação dos melhores jogadores de um videogame.

Os funcionários poderiam se sentir sobrecarregados ou até mesmo oprimidos pela natureza do feedback. Em vez disso, as sólidas regras de manter a civilidade e o respeito na empresa e de dar aos funcionários autonomia sobre como podem cumprir suas tarefas criam um contexto no qual o feedback é energizante e promove o crescimento.

A firma de advocacia global O'Melveny & Myers enaltece o uso de avaliações de 360 graus para ajudar os funcionários a prosperarem. O feedback é aberto e resumido, em vez de compartilhado textualmente, o que estimulou uma taxa de resposta de 97%. Carla Christofferson, a sócia-diretora dos escritórios de Los Angeles, aprendeu com sua avaliação que as pessoas achavam que seu comportamento não correspondia ao compromisso declarado da empresa com relação ao equilíbrio entre vida profissional e pessoal – o que causava estresse entre os funcionários. Ela começou a passar mais tempo longe do escritório e a limitar o trabalho de fim de semana a coisas que poderia fazer em casa. Tornou-se um modelo de equilíbrio, o que foi de grande ajuda para eliminar a preocupação dos funcionários que queriam uma vida fora da empresa.

Os quatro mecanismos que ajudam os funcionários a prosperar não exigem esforços ou investimentos enormes. O que exigem é que os líderes estejam dispostos a empoderar as pessoas e a definir o tom. Como observamos, cada mecanismo fornece um ângulo diferente necessário para prosperar. Você não pode escolher apenas um ou dois; os mecanismos reforçam um ao outro. Por exemplo, as pessoas vão se sentir confortáveis para tomar decisões se não tiverem informações honestas sobre os números atuais? Elas podem tomar decisões eficazes se estiverem preocupadas em serem ridicularizadas?

Criar as condições para prosperar requer atenção concentrada. Ajudar os funcionários a crescerem e se manterem energizados no trabalho é, por si só, valioso – mas também pode impulsionar o desempenho de sua empresa de maneira sustentável.

GRETCHEN SPREITZER é professora de administração de empresas na Ross School of Business da Universidade de Michigan, onde é membro do corpo docente do Centro para Organizações Positivas.

CHRISTINE PORATH é professora adjunta de gestão na Universidade Georgetown, autora de *Mastering Civility: A Manifesto for the Workplace* e coautora de *The Cost of Bad Behaviour*.

Publicado originalmente em janeiro/fevereiro de 2012.

6

As pesquisas que ignoramos sobre felicidade no trabalho

Ela pode atrapalhar

André Spicer e Carl Cederström

Recentemente, fomos surpreendidos por seminários motivacionais em nossos respectivos empregos. Ambos os eventos pregavam o evangelho da felicidade. Em um deles, um palestrante explicou que a felicidade poderia torná-lo mais saudável, mais gentil, mais produtivo e mais propenso a ganhar uma promoção.

O outro seminário envolvia uma dança maluca. A ideia era encher nossos corpos de alegria. Também fez um de nós fugir e se esconder no banheiro mais próximo.

Desde que um grupo de cientistas realizou a experiência de Hawthorne – estudando a relação entre luminosidade e eficiência dos operários numa fábrica de Chicago – em meados da década de 1920, acadêmicos e executivos ficaram obcecados em aumentar a produtividade de seus funcionários. A felicidade como forma de aumentar a produtividade, em particular, parece ter ganhado força nos círculos corporativos.[1] As empresas gastam dinheiro com coaching de felicidade, exercícios de formação de equipe, jogos, consultores de diversão e diretores de felicidade (sim, você vai encontrar um desses no Google). Essas atividades e títulos podem parecer alegres ou até bizarros, mas as empresas os vêm levando muito a sério. Será que deveriam?

Quando você examina mais a fundo as pesquisas, não fica claro que incentivar a felicidade no trabalho seja sempre uma boa ideia. Certamente há evidências que sugerem que funcionários felizes são menos propensos a deixar a empresa, mais dispostos a satisfazer os clientes, mais confiáveis e têm maior probabilidade de apresentar comportamento de cidadania organizacional.[2] No entanto, também encontramos outros resultados, indicando que parte do pensamento dado como certo sobre o que a felicidade pode alcançar no local de trabalho é apenas mito.

Para começar, não sabemos de verdade o que é felicidade ou como medi-la. Medir a felicidade é tão fácil quanto medir a temperatura da alma ou determinar a cor exata do amor. Como o historiador Darrin M. McMahon mostra em seu esclarecedor livro *Felicidade: uma história*, desde o século VI a.C., quando Creso supostamente afirmou que "ninguém que vive é feliz", esse conceito escorregadio serviu como substituto para toda sorte de outros conceitos – de prazer e alegria a plenitude e contentamento. Ser feliz no momento, disse Samuel Johnson, só seria possível estando bêbado.[3] Para Jean-Jacques Rousseau, a felicidade era deitar em um barco, vagando sem rumo, sentindo-se como um deus (não exatamente a imagem da produtividade). Há ainda outras definições de felicidade, mas não são nem mais nem menos plausíveis do que as de Johnson ou Rousseau.

E só porque temos tecnologia mais avançada hoje não significa que estamos mais perto de encontrar uma definição, como Will Davies lembra em seu livro *The Happiness Industry* (A indústria da felicidade). Ele conclui que, mesmo que tenhamos desenvolvido técnicas mais avançadas para medir emoções e prever comportamentos, também adotamos noções cada vez mais simplificadas do que significa ser humano, sem falar do que significa buscar a felicidade. Uma área iluminada em um exame de imagem cerebral pode *parecer* dizer algo concreto sobre uma emoção indescritível, por exemplo, quando na verdade não está.

A felicidade não necessariamente leva ao aumento da produtividade. Uma corrente de pesquisa mostra alguns resultados contraditórios a respeito da relação entre felicidade – que muitas vezes é definida como "satisfação no trabalho" – e produtividade.[4] Um estudo sobre supermercados britânicos sugere até que pode haver uma relação negativa entre as duas: quanto mais infelizes eram os funcionários, maiores os lucros.[5] É claro que outros estudos apontaram na direção contrária, afirmando que há uma ligação entre sentir-se satisfeito com o trabalho e ser produtivo. Mas mesmo esses estudos, quando considerados como um todo, demonstram uma relação um tanto fraca.

Além de tudo, a felicidade pode ser exaustiva. A busca da felicidade pode não ser totalmente eficaz, mas não faz mal, certo? Errado. Desde o século XVIII, as pessoas têm ressaltado que a exigência da felicidade traz consigo um fardo pesado, uma responsabilidade que nunca pode ser de todo atendida. Concentrar-se na felicidade pode de fato fazer com que nos sintamos menos felizes.

Um experimento psicológico demonstrou isso.[6] Os pesquisadores pediram aos participantes que assistissem a um filme que em geral os faria felizes: um patinador ganhando uma medalha. Antes do filme, metade do grupo foi convidada a ler uma declaração em voz alta sobre a importância da felicidade na vida. A outra metade não leu tal declaração. Os pesquisadores se surpreenderam ao descobrir que aqueles que tinham lido a declaração ficaram *menos* felizes depois de assistir ao filme. Basicamente, quando a felicidade se torna uma obrigação, ela pode fazer as pessoas se sentirem piores se não conseguirem alcançá-la.

Isso é particularmente problemático nos dias de hoje, em que a felicidade é pregada como uma obrigação moral.[7] Como disse o filósofo francês Pascal Bruckner: "A infelicidade não é apenas infelicidade; é, pior ainda, uma falha em ser feliz."[8]

A felicidade não vai necessariamente ajudar você a executar suas atribuições. Se você já trabalhou com serviço de atendimento ao cliente, como num call center ou num restaurante de fast-food, sabe que ser alegre não é opcional – é obrigatório. E, por mais cansativo que isso possa parecer, faz algum sentido quando se está na frente dos clientes.

Hoje, porém, muitos funcionários que não prestam atendimento a clientes também são solicitados a ser alegres, e isso pode ter consequências imprevistas. Um estudo mostrou que as pessoas que apresentavam bom humor eram piores em perceber atos de má-fé do que as mal-humoradas.[9] Outra pesquisa descobriu que indivíduos que estavam com raiva durante uma negociação obtiveram melhores resultados do que os felizes.[10] Isso sugere que ser feliz pode não ser bom em todos os aspectos do trabalho ou em empregos que dependam fortemente de certas habilidades. De fato, em alguns casos, a felicidade pode até piorar nosso desempenho.

A felicidade pode prejudicar a relação com seu chefe. Se acreditarmos que é no trabalho que a encontraremos, poderemos, em alguns casos, começar a confundir nosso chefe com um cônjuge, um pai ou uma mãe. A pesquisadora Susanne Ekmann descobriu, estudando uma empresa de mídia, que aqueles que esperavam que o trabalho os fizesse felizes muitas vezes se tornavam emocionalmente carentes.[11] Eles queriam que seus gestores lhes proporcionassem um fluxo constante de reconhecimento e segurança emocional. E quando *não* recebiam a resposta emocional esperada (o que era frequente), esses funcionários se sentiam negligenciados e começavam a reagir de modo exagerado. Mesmo pequenos contratempos eram interpretados como rejeição por parte de seus gestores. Então, de muitas maneiras, esperar que um chefe nos faça felizes nos torna emocionalmente vulneráveis.

Os relacionamentos com amigos e familiares também podem ser afetados. Em seu livro *O amor nos tempos do capitalismo*, a professora de sociologia Eva Illouz destaca um efeito colateral estranho de quando as pessoas tentam se envolver mais emocionalmente com o emprego: elas começaram a tratar sua vida privada como tarefas de trabalho. Os indivíduos com quem ela falou viam a própria vida pessoal como algo que precisava ser administrado com cuidado, usando uma série de ferramentas e técnicas que aprenderam na empresa. Como resultado, a vida em casa se tornou cada vez mais fria e calculada. Não é de admirar, portanto, que muitas pessoas entrevistadas preferissem passar mais tempo no trabalho a ficar em casa.

A felicidade pode tornar uma demissão muito mais devastadora. Quando esperamos que o local de trabalho proporcione felicidade e significado à nossa vida, ficamos perigosamente dependentes disso. Em seus estudos, o professor de sociologia Richard Sennett notou que os profissionais que viam seu empregador como uma importante fonte de significado pessoal eram os que ficavam mais abalados quando eram demitidos.[12] Quando essas pessoas perdiam seus empregos, não apenas perdiam renda, mas também a promessa de felicidade. Isso sugere que, se enxergamos nosso trabalho como uma grande fonte de felicidade, nos tornamos emocionalmente vulneráveis durante os períodos de mudança. Em uma época de constante reestruturação corporativa, isso pode ser perigoso.

A felicidade também pode torná-lo egoísta. Ser feliz faz de você uma pessoa melhor, certo? Não exatamente, de acordo com esta interessante pesquisa.[13] Os participantes receberam bilhetes de loteria e depois escolheram quantos queriam dar para os outros e quantos desejavam guardar para si mesmos. Aqueles que estavam de bom humor acabaram ficando com mais bilhetes. Isso implica que, pelo menos em alguns cenários, ser feliz não significa necessariamente ser generoso. Na verdade, o oposto pode ser verdade.

Por fim, a felicidade ainda pode deixá-lo solitário. Em um experimento, psicólogos pediram a várias pessoas que mantivessem um diário detalhado por duas semanas. O que descobriram ao fim do estudo foi que aquelas que valorizavam muito a felicidade sentiam-se mais solitárias do que as que a valorizavam menos.[14] Parece que se concentrar demais na busca da felicidade pode nos fazer sentir desconectados de outras pessoas.

Então, ao contrário de todas essas evidências, por que continuamos a nos apegar à crença de que a felicidade pode melhorar o ambiente de trabalho? A resposta, de acordo com um estudo, se resume a estética e ideologia. Felicidade é uma ideia conveniente que fica bem no papel (estética), mas também é uma ideia que nos ajuda a fugir de questões mais sérias, como conflitos e política (ideologia).[15]

Quando presumimos que funcionários felizes trabalham melhor, podemos varrer questões mais desconfortáveis para debaixo do tapete, sobretudo porque a felicidade é vista com frequência como uma escolha. Torna-se uma maneira conveniente de lidar com atitudes negativas, estraga-prazeres, babacas traiçoeiros e outros personagens indesejáveis na vida corporativa. Invocar a felicidade, em toda a sua ambiguidade, é uma excelente maneira de sair impune de decisões controversas, como demitir pessoas. Como Barbara Ehrenreich aponta em seu livro *Sorria*, mensagens positivas sobre a felicidade se mostraram particularmente populares em tempos de crise e demissões em massa.

Levando-se em conta todos esses possíveis problemas, achamos que há uma forte razão para repensar nossa expectativa de que o trabalho deve sempre nos fazer felizes. Isso pode ser exaustivo, pode nos fazer reagir de modo exagerado, drenar o significado da nossa vida pessoal, aumentar nossa vulnerabilidade e nos tornar mais dependentes, egoístas e solitários. O mais impressionante é que buscar a felicidade de modo consciente pode de fato diminuir a sensação de alegria que extraímos de experiências realmente boas.

Na verdade, o trabalho – como todos os outros aspectos da vida – provavelmente nos fará sentir uma ampla gama de emoções. Se o seu emprego parece deprimente e sem sentido, talvez seja porque é deprimente e sem sentido. Fingir o contrário pode apenas piorar a situação. A felicidade, é claro, é uma ótima sensação, mas não pode ser criada pela força de vontade. Talvez, quanto menos tentarmos buscar de modo ativo a felicidade por meio de nossos empregos, maior será a probabilidade de sentirmos alegria no trabalho – uma alegria espontânea e prazerosa, em vez de construída e opressora. O mais importante, porém, é que estaremos mais aptos a lidar com o trabalho de maneira sóbria. Para enxergá-lo como de fato é, e não como nós – executivos, funcionários ou palestrantes de seminários motivacionais dançantes – fingimos que é.

ANDRÉ SPICER é professor de comportamento organizacional na Cass Business School, em Londres.

CARL CEDERSTRÖM é professor adjunto de teoria organizacional na Universidade de Estocolmo. É coautor de *The Wellness Syndrome*.

Notas

1. C. D. Fisher, "Happiness at Work", *International Journal of Management Reviews* 12, nº 4 (dezembro de 2010), pp. 384-412.
2. Ibid.
3. D. M. McMahon, *Felicidade: uma história* (São Paulo: Globo, 2007).
4. Fisher, "Happiness at Work".
5. McMahon, *Felicidade: uma história*.
6. I. B. Mauss et al., "Can Seeking Happiness Make People Happy? Paradoxical Effects of Valuing Happiness", *Emotion* 11, nº 4 (agosto de 2011), pp. 807-815.
7. P. Bruckner, *A euforia perpétua* (Rio de Janeiro: Bertrand Brasil, 2002).
8. Ibid, 5.
9. J. P. Forgas e R. East, "On Being Happy and Gullible: Mood Effects on Skepticism and the Detection of Deception", *Journal of Experimental Social Psychology* 44 (2008), pp. 1.362-1.367.
10. G. A. van Kleef et al., "The Interpersonal Effects of Anger and Happiness in Negotiations", *Journal of Personality and Social Psychology* 86, nº 1 (2004), pp. 57-76.
11. S. Ekman, "Fantasies about Work as Limitless Potential – How Managers and Employees Seduce Each Other through Dynamics of Mutual Recognition", *Human Relations* 66, nº 9 (dezembro de 2012), pp. 1.159-1.181.

12. R. Sennett, *A corrosão do caráter: consequências pessoais do trabalho no novo capitalismo* (Rio de Janeiro: Record, 1999).
13. H. B. Tan e J. Forgas, "When Happiness Makes Us Selfish, But Sadness Makes Us Fair: Affective Influences on Interpersonal Strategies in the Dictator Game", *Journal of Experimental Social Psychology* 46, nº 3 (maio de 2010), pp. 571-576.
14. I. B. Mauss, "The Pursuit of Happiness Can Be Lonely", *Emotion* 12, nº 5 (2012), pp. 908-912.
15. G. E. Ledford, "Happiness and Productivity Revisited", *Journal of Organizational Behavior* 20, nº 1 (janeiro de 1999), pp. 25-30.

Adaptado da publicação de 21 de julho de 2015.

7

A reação adversa da felicidade

Amenizando a obsessão

Alison Beard

Nada me deprime mais do que ler sobre felicidade. Por quê? Porque há conselhos demais sobre como alcançá-la. Como Frédéric Lenoir ressalta em *Sobre a felicidade: uma viagem filosófica*, grandes pensadores vêm discutindo esse assunto há mais de 2 mil anos. Mas as opiniões ainda diferem. Basta dar uma olhada nos mais de 40 mil títulos listados no subgênero "felicidade" dos livros de autoajuda na Amazon.com ou assistir às mais de 80 palestras do TED marcadas nessa categoria.

O que nos faz felizes? Saúde, dinheiro, conexão social, propósito, "fluidez", generosidade, gratidão, paz interior, pensamento positivo... Pesquisas mostram que qualquer uma dessas respostas (ou todas elas) estão corretas. Os cientistas sociais contam que mesmo os truques mais simples – listar nossas bênçãos, meditar 10 minutos por dia, forçar sorrisos – podem nos levar a um estado de espírito mais feliz.

E ainda assim, para mim e para muitos outros, a felicidade continua inatingível. É claro que às vezes me sinto alegre e contente – ao ler uma história para meus filhos, entrevistar alguém que admiro muito, terminar um texto difícil. Mas, apesar de ter boa saúde, família e amigos que me apoiam, além de um trabalho estimulante e flexível, estou sempre inundada de emoções negativas: preocupação, frustração, raiva, decepção, culpa, inveja, arrependimento. Meu estado padrão é a insatisfação.

A enorme e crescente literatura sobre felicidade promete me afastar desses sentimentos. No entanto, o efeito é mais como me chutar quando já estou caída no chão. Eu sei que deveria estar feliz. Sei que tenho todos os motivos para isso e que estou melhor do que a maioria. Sei que as pessoas mais felizes são mais bem-sucedidas. Sei que alguns exercícios mentais podem ajudar. Ainda assim, quando o mau humor se instala, é difícil sair desse estado. E – admito – uma pequena parte de mim não considera minha infelicidade uma negatividade improdutiva, mas um realismo altamente produtivo. Não consigo me imaginar sendo feliz o tempo todo; na verdade, desconfio muito de qualquer um que afirme ser assim.

Concordei em escrever este artigo porque nos últimos anos percebi um apoio crescente a esse ponto de vista. O livro *Sorria*, de Barbara Ehrenreich, sobre a "promoção implacável" e os efeitos enfraquecedores do pensamento positivo, foi seguido por *Rethinking Positive Thinking* (Repensando o pensamento positivo), de Gabriele Oettingen, professora de psicologia da Universidade de Nova York, e por *A força boa do lado obscuro*, de Todd Kashdan e Robert Biswas-Diener, dois especialistas em psicologia positiva.

O *Psychology Today* publicou um artigo incrível de Matthew Hutson intitulado "Beyond Happiness: the Upside of Feeling Down" (Além da felicidade: o lado positivo de se sentir triste) e houve o lançamento de *O lado bom do estresse*, de Kelly McGonigal, de Stanford; *Beyond Happiness* (Além da felicidade), do historiador e comentarista britânico Anthony Seldon; e *The Happiness Industry: How the Government and Big Business Sold Us Well-Being* (A indústria da felicidade: como o governo e as grandes empresas nos venderam o bem-estar), de outro britânico, o professor de política da Universidade de Londres William Davies.

Estamos enfim vendo uma reação adversa à felicidade? Mais ou menos. A maioria dessas publicações desafia a obsessão moderna de *se sentir* feliz e *pensar* positivamente. Oettingen explica a importância de diminuir as fantasias com uma análise sóbria dos obstáculos que se apresentam em nosso caminho. O livro de Kashdan e Biswas-Diener e o artigo de Hutson detalham os benefícios que vêm de todas as emoções negativas que mencionei antes; juntos, esses sentimentos nos estimulam a melhorar nossas circunstâncias e a nós mesmos. (Susan David, psicóloga de Harvard e coautora do artigo "Agilidade emocional", publicado pela *HBR*, também escreve de forma ponderada sobre esse assunto.)

McGonigal mostra que olhar uma condição infeliz – o estresse – sob uma luz mais gentil pode transformá-la em algo capaz de melhorar nossa saúde, em vez de prejudicá-la. Aqueles que aceitam sentir-se estressados como a resposta natural do corpo a um desafio são mais resilientes e vivem mais do que aqueles que tentam combater o estresse.

Seldon descreve sua própria mudança da busca pelo prazer para esforços mais significativos que lhe trazem (e deveriam trazer) alegria. Esses esforços seriam: aceitar a si mesmo; pertencer a um grupo; ter bom caráter, disciplina, empatia, foco, generosidade e saúde; fazer perguntas; embarcar em uma jornada interior; aceitar o carma; abraçar a liturgia e a meditação.

Davies aborda o assunto de um ângulo diferente. Ele está farto de tentativas organizacionais para explorar o que é essencialmente um "processo cinzento e nebuloso dentro de nossos cérebros". Em sua opinião, há algo de sinistro sobre como a publicidade, os gestores de RH, os governos e as empresas farmacêuticas medem, manipulam e, por fim, enriquecem com nosso desejo insaciável de sermos mais felizes.

Só que nenhum desses autores se coloca contra os indivíduos que desejam ter uma vida feliz de modo geral. Chamamos isso de busca pela "felicidade", mas o que de fato queremos dizer é "satisfação de longo prazo". Martin Seligman, o pai da psicologia positiva, chama isso de "prosperidade" e, anos atrás, disse que a emoção positiva (isto é, sentir-se feliz) é apenas um elemento dela, assim como o engajamento, os relacionamentos, o significado e a realização. Em seu livro, Arianna Huffington fala sobre "a terceira medida do sucesso", e Lenoir, cuja história da filosofia da felicidade é provavelmente a mais esclarecedora e divertida do grupo, descreve isso apenas como "amor à vida". Quem pode contradizer qualquer uma dessas coisas?

A maioria dos gurus da felicidade erra quando insiste que a felicidade diária, se não constante, é um meio para a realização a longo prazo. Para alguns otimistas, isso pode ser verdade. Eles podem tropeçar "no que nos faz felizes", como sugere o pesquisador mais proeminente da área, Dan Gilbert; ou descobrir "o jeito Harvard de ser feliz" de que fala o professor e consultor Shawn Achor; ou "transmitir a felicidade", como recomenda em seu livro Michelle Gielan, esposa de Achor e sócia da empresa GoodThink. Como eu disse, aparentemente são necessários apenas alguns truques simples.

Para o restante de nós, porém, esse entusiasmo todo parece forçado, então é improvável que nos ajude a construir relacionamentos significativos ou a criar uma carreira perfeita. Certamente não pode ser extraído de nós por empregadores ou outras forças externas. Buscamos a satisfação de diferentes maneiras, sem ler livros de autoajuda. E suspeito que, a longo prazo, ficaremos bem – talvez até felizes.

ALISON BEARD é editora sênior da *Harvard Business Review*.

Publicado originalmente em julho/agosto de 2015.

CONHEÇA OUTROS LIVROS DA COLEÇÃO INTELIGÊNCIA EMOCIONAL

Mindfulness

O mindfulness, ou atenção plena, é estudado há décadas em importantes centros de pesquisa e vem ganhando cada vez mais espaço em empresas e programas de liderança.

Seus benefícios incluem mais criatividade, melhor desempenho profissional e autoconsciência mais profunda, além de serenidade para lidar com conflitos e imprevistos.

Este livro oferece passos práticos para que você se sinta mais presente em sua rotina profissional e demonstra por que o mindfulness realmente funciona, tratando de temas como:

- Agilidade emocional
- Mindfulness para pessoas ocupadas demais para meditar
- Como o mindfulness pode mudar o seu cérebro

Empatia

A empatia é um fator crucial para melhorar os relacionamentos e até mesmo aprimorar o desenvolvimento de produtos.

Embora seja fácil dizer "basta se colocar no lugar do outro", entender as motivações e emoções das outras pessoas é um grande desafio.

Este livro ampliará sua compreensão da empatia e ajudará você a se tornar mais sensível às necessidades dos outros, abordando temas como:

- O que o Dalai Lama ensinou a Daniel Goleman sobre inteligência emocional
- Por que a compaixão é uma tática gerencial melhor do que a agressividade
- O que os bons ouvintes realmente fazem

CONHEÇA OUTROS LIVROS DA HARVARD BUSINESS REVIEW

COLEÇÃO 10 LEITURAS ESSENCIAIS

Desafios da gestão

Selecionados pela *Harvard Business Review*, os 10 artigos desta edição apresentam com objetividade e clareza os conceitos fundamentais para entender o mundo dos negócios e, sobretudo, gerar transformações significativas e os melhores resultados. Você irá beber na fonte e aprender com Michael Porter sobre vantagem competitiva, com Daniel Goleman sobre inteligência emocional, com Peter F. Drucker sobre como gerenciar a própria carreira, com Theodore Levitt sobre marketing e com Clayton M. Christensen sobre inovação disruptiva.

Inteligência emocional

Os líderes mais competentes têm um ponto crucial em comum: elevado grau de inteligência emocional. Em seu trabalho definitivo sobre inteligência emocional, Daniel Goleman explica que ela é duas vezes mais importante que as demais habilidades na formação de um líder excepcional. Estes 10 artigos ajudarão você a aprimorar suas habilidades, melhorar os relacionamentos e garantir seu sucesso profissional.

Gerenciando a si mesmo

Que critérios pautarão sua vida? A pergunta que serve de título para o celebrado texto de Clayton M. Christensen que abre este livro revela a profundidade e a contribuição das ideias que você encontrará aqui. Elas o ajudarão a traçar uma estratégia para sua vida e a investir seu tempo, sua energia e seu talento de acordo com seus objetivos maiores.

Gerenciando pessoas

Mais que um chefe, seja o líder de que seus funcionários precisam. Gerenciar pessoas é uma tarefa extremamente desafiadora, mesmo para quem já tem alguma experiência. Este livro vai ajudar você a lidar com esses desafios. Se você não tiver tempo para ler mais nada sobre como gerenciar pessoas, leia estes 10 artigos. Eles foram selecionados pela *Harvard Business Review* entre centenas de textos publicados para maximizar o desempenho e a satisfação de sua equipe.

Para novos gerentes

O processo de se tornar líder é uma árdua jornada de aprendizado e autodesenvolvimento contínuos. Desenvolva a mentalidade e a postura ideais para gerenciar pessoas pela primeira vez. Se você acabou de se tornar líder de uma equipe, estes 10 artigos serão de extrema utilidade.

COLEÇÃO UM GUIA ACIMA DA MÉDIA

Apresentações convincentes

Este livro dará a você a confiança e as ferramentas necessárias para vender suas ideias e inspirar as pessoas. Aprenda a calcular o tempo certo de uma palestra sem correr o risco de entediar os participantes, decidir se é ou não necessário usar o PowerPoint e escolher um layout e as melhores imagens para os slides.

A arte de dar feedback

Esta obra fornece conselhos práticos para transformar qualquer conversa sobre desempenho – de atualizações semanais a avaliações anuais – em uma oportunidade de crescimento e desenvolvimento. Não importa se você quer reconhecer um trabalho exemplar ou abordar problemas de comportamento, neste livro você encontra dicas certeiras para promover o melhor da sua equipe.

Negociações eficazes

Este volume apresenta uma abordagem clara e organizada para você encontrar a solução que satisfaça todos os envolvidos. Aprenda a sair de um processo de concessões sucessivas e trabalhar de maneira colaborativa e criativa com a outra parte, construindo acordos e relacionamentos melhores.

Faça o trabalho que precisa ser feito

Nunca teremos tempo para tudo, mas *Faça o trabalho que precisa ser feito* vai ensiná-lo a identificar a tarefa mais importante e concentrar tempo e energia nela, produzindo o melhor resultado para você e sua empresa. Conheça as práticas e os segredos dos maiores nomes da gestão de tempo, como Stephen R. Covey, David Allen e Heidi Grant Halvorson.

Como lidar com a política no trabalho

Pelo bem de sua carreira (e de sua saúde), você precisa saber como lidar com as outras pessoas – inclusive com as mais hostis –, enfrentando os conflitos de forma construtiva sem comprometer seus valores pessoais. *Como lidar com a política no trabalho* reúne dicas valiosas para solucionar as questões de relacionamento mais comuns do dia a dia profissional.

Para saber mais sobre os títulos e autores
da Editora Sextante, visite o nosso site.
Além de informações sobre os próximos lançamentos,
você terá acesso a conteúdos exclusivos
e poderá participar de promoções e sorteios.

sextante.com.br